Precarious Asia

Global Capitalism and Work
in Japan
South Korea
and Indonesia

全球化与亚洲地区
不稳定就业

有工作的穷人

［美］阿恩·卡勒伯格
凯文·赫威森
［韩］申光荣 著

张凌 译

中国科学技术出版社
·北 京·

北京市版权局著作权合同登记　图字：01-2023-1665

图书在版编目（CIP）数据

有工作的穷人：全球化与亚洲地区不稳定就业 /（美）阿恩·卡勒伯格,（美）凯文·赫威森,（韩）申光荣著；张凌译 . — 北京：中国科学技术出版社，2023.9

书名原文：Precarious Asia: Global Capitalism and Work in Japan, South Korea, and Indonesia

ISBN 978-7-5236-0160-0

Ⅰ.①有… Ⅱ.①阿…②凯…③沈…④张… Ⅲ.①就业问题－研究 Ⅳ.① C913.2

中国国家版本馆 CIP 数据核字（2023）第 060483 号

策划编辑	杜凡如　刘颖洁	**责任编辑**	刘　畅
封面设计	今亮新声	**版式设计**	蚂蚁设计
责任校对	吕传新	**责任印制**	李晓霖

出　　版	中国科学技术出版社
发　　行	中国科学技术出版社有限公司发行部
地　　址	北京市海淀区中关村南大街 16 号
邮　　编	100081
发行电话	010-62173865
传　　真	010-62173081
网　　址	http://www.cspbooks.com.cn

开　　本	880mm×1230mm　1/32
字　　数	195 千字
印　　张	10.25
版　　次	2023 年 9 月第 1 版
印　　次	2023 年 9 月第 1 次印刷
印　　刷	河北鹏润印刷有限公司
书　　号	ISBN 978-7-5236-0160-0/C·231
定　　价	69.00 元

（凡购买本社图书，如有缺页、倒页、脱页者，本社发行部负责调换）

致谢

制度如何塑造了部分亚洲国家的不稳定就业和不平等是我们长期关注的话题。从基于社会学、政治经济学和亚洲研究的观点出发，我们发现，劳动力市场的（新）自由主义化，以及就业和经济形态的调整与重组，是导致近年来亚洲一些国家和地区的不稳定就业增加和不平等加剧的核心原因之一。在本书中，我们就 21 世纪亚洲（及其他地区）的一个关键课题提出了我们的解释和研究成果，即全球经济的结构性动态如何与国内政治和经济力量相互作用，导致了不稳定就业、安全感缺乏和不平等的加剧。

2017—2018 年，我们获得了首尔国立大学亚洲中心（Asia Center at Seoul National University）资助的亚洲研究项目（Asian Studies）的项目基金，促成了对日本、韩国和印度尼西亚的不稳定就业情况开展调查的比较研究。这本书体现了该项目的研究成果，但我们对这个课题的研究远早于此，2008 年我们获得了由迪拜（Dubai）的社会科学研究理事会（Social Science Research Council in Dubai）提供的赞助，在由凯文·赫威森和阿恩·卡勒伯格共同主持的关于民族国家、全球商业和灵活劳动力的研讨会上就开始了相关讨论。几年后这项工作在继续进行，凯文·赫威森是北卡罗来纳大学教山堂分校（University of North Carolina at Chapel Hill）的卡罗来纳亚洲中心（Carolina Asia Center）的主任，阿恩·卡勒伯格是一名社会学家，他们与多个国际项目有合作，为此项研究提供了一些原始资金，后来又于2010—2012年获得了安德鲁·W.梅隆基金会（Andrew W. Mellon Foundation）和索耶研讨会（Sawyer Seminar）的资助，研究亚洲的不稳定就业。我们在亚洲各国寻找该项目的合作学者，首先致电了申光荣教授，他也对亚洲国家不稳定就业的比较研究兴趣浓厚。亚洲不稳定就业研究小组的第一次会议于2011年由韩国首尔的中央大学（Chung-Ang University）赞助并在该大学举行，后来又多次在教堂山和中国的台北市举行会议，分别由安德鲁·W.梅隆基金会和卡罗来纳州亚洲中心赞助。该小组对于不稳定就业的研究成果曾分别发表在2013年两期《美国行为科学家》（*American Behavioral Scientist*）杂志上 [《东亚的不稳定就业》（*Precarious Work in East Asia*）和《南亚和东南亚的不稳定就业》（*Precarious Work in South and Southeast Asia*）]，并出版了一本由萧新煌、阿恩·卡勒伯格和凯文·赫威森合编的《亚洲对不稳定就业的政策反应》（*Policy Responses to Precarious Work in Asia*）。

我们要感谢以下三个机构为本书提供的分析数据：日本

庆应义塾大学经济研究所提供了来自日本家庭收支追踪调查和庆应义塾家庭追踪调查的数据。韩国劳动研究院允许我们使用韩国劳动和收入追踪调查的数据。印度尼西亚中央统计局（Statistics Indonesia）与我们分享了来自印度尼西亚全国劳动力调查（National Labor Force Survey）的数据。我们也感谢来自韩国的文寿妍（Soo-Yean Moon）为我们提供的帮助，她负责整理书中用到的部分数据。

　　在多年的酝酿过程中，我们得到了许多同事的支持、帮助和建议，包括所有参加研讨会、工作坊和学术会议的人。丹尼斯·阿诺德（Dennis Arnold）、乔·邦吉奥维（Joe Bongiovi）和斯蒂芬妮·尼尔森（Stephanie Nelson）在教堂山提供的最初支持非常宝贵。随着项目的完成，我们特别幸运地说服了几位重量级同事阅读本书的草稿并提出意见，他们分别是查兰·巴尔（Charan Bal）、安德鲁·布朗（Andrew Brown）、海蒂·哥特弗莱德（Heidi Gottfried）、泰德·莫维（Ted Mouw）、约翰·皮寇斯（John Pickles），还要感谢斯坦福大学出版社（Stanford University Press）的匿名评论员。他们都提出了富有见地和帮助的评论，希望我们做出基本令人满意的回应。最后，感谢斯坦福大学出版社的编辑史蒂夫·爱德华·卡塔拉诺（Steve Edward Catalano）和 J.P. 辛（J. P. Singh），感谢他们对本书的鼓励和支持。

本书谨献给与几位作者最亲近的人。本书的大部分篇章都是在疫情期间写完的，作者在家中开了无数次视频会议，躲在书房无休止地敲打键盘，在不同程度的封锁和隔离期间影响了"正常"的家庭生活，家人要比以往任何时候都更加包容。万分感谢萨瓦·汉（Sawai Khan-o）、高承喜（Seunghee Ko）和朱迪斯·卡勒伯格（Judith Kalleberg）。

目录

导论

近期的学术及非学术的文章和著作暴露了日本、韩国和印度尼西亚的工作者所面临的困难。他们的工作不稳定、不安全，他们无法获得足够的社会保障。在日本，随着不稳定就业的扩大，人们对"过劳死"也越来越担忧：

> 如今……（在日本）兼职工作者越来越多地面临过劳死的风险。近年来，公司一直在避免雇用全职员工，转而招聘工资较低、工作保障较少的员工。通过更灵活的上班形式，使这些员工容易受到无薪加班等违反劳动法的待遇，因此，许多人被迫接受额外的工作。2015 年以来，日本从事两份或更多份工作的工作者数量增长了大约 30%。

过劳也是韩国关注的一个问题。在经济合作与发展组织（OECD，以下简称经合组织）国家中，除墨西哥之外，韩国人的工作时间最长，平均每周工作 38.9 小时。与英国和澳大利亚收入相近的工作者相比，韩国工作者一年要多工作 9 个标准工作周。为了应对过劳的负面后果，韩国政府于 2018 年 7

月 1 日通过了一项法律，将每周最长工作时间从 68 小时减少到 52 小时。对许多人来说，减少了工作时间也意味着减少了工资，这迫使一些人去从事第二或第三份工作，导致他们工作时间经常不规律，压力巨大：

> 到目前为止（2020 年），已有 15 名快递员死亡，其中一些人曾抱怨要从黎明一直工作到午夜，工作量令人无法承受。快递员说他们迟早要过劳死。"工作量变得太大了。"快递员崔女士说，"自从疫情暴发以来，早点回家和孩子们一起吃晚饭就成了一个遥不可及的梦想。"

在东南亚最大的数字经济体印度尼西亚，"零工从业者"参与的新型不稳定就业形式工作回报低，难以维持家庭所需：

> 家庭保健服务工作者："我已经几乎卖掉了所有的财产来满足家庭所需。由于现在找不到工作，我们租金都交不上了。"
>
> 清洁工："我现在每天只能吃一到两顿饭。我们以前还有肉吃，现在买不起了。"

这种情况说明了，近年来全球资本主义发展对我们在本书中研究的三个国家（日本、韩国和印度尼西亚）的工作者产生的一些重要影响。与全球各经济体一样，这些国家新自由主义政策的经济、政治和社会后果导致了不稳定就业（不确定、不稳定和缺乏安全感的工作）形势越来越显著，从事这种工作的人承担着职业风险（而不是企业或政府），他们的社会福利和法定权利有限。不稳定就业包括各种非正规工作（nonregular work），如临时工、兼职工作者和独立承包商，以及在非正式经济（informal economy）中的工作，这些工作通常没有与正规工作相同的法律和社会保障。此外，以前为标准（"常规"、全职或"永久"）就业的工作者提供的社会保障已经减少，正式员工也开始从事更多不稳定的工作。以前，这些保障和福利由雇主和政府提供，它们是标准聘用合同和社会福利体系的一部分。在我们的三个研究对象国家中，这些变化都具有显著的性别差异，女性尤其容易受到这些变化的影响。日本和韩国调整并在某些情况下减少了社会保障。在印度尼西亚，社会保障在 1998 年新秩序（New Order）政权被推翻后得到了扩展，但受到了政府和商业利益集团的限制和挑战。

　　近年来不稳定就业形式的扩大是本书关注的核心问题。我们研究了亚洲就业和社会保障自由化背后的政治和经济动态。不稳定就业是不同政治主张博弈的结果，在博弈的过程中，政府、跨国公司、当地企业、工会和公民社会组织都竞相去塑造日本、韩国和印度尼西亚的就业体系，我们对此进行了详尽的说明。通过比较这三个国家各自在不稳定就业的兴起和工作者权益方面的制度和政治差异，我们进行了概念化的描述并提供了佐证。我们还研究了这些政治经济动态对经济不平等和从事不稳定工作的人的影响。

我们的核心论点是，不稳定就业的范围和后果反映了日本、韩国和印度尼西亚特定经济领域中劳资的相对优势或劣势，此论点表明随着时间的流逝，这些力量的影响一直有起有伏。同样，不同工作形式中的工作者可获得的社会保障因政府的经济、社会和政治政策而异，这些政策强调市场、财政自律、贸易、投资和自由化的相对重要性（例如金融放松管制、权力下放、私有化）以及分配给国家的角色。一系列政策由此产生，包括有限的国家保障和福利、非中心化的劳资关系、工会和集体谈判力量的削弱以及财政自律优先于社会政策。

我们总结了导致不稳定就业的政治和经济力量。在日本、韩国和印度尼西亚，新自由主义全球化进程加剧了工作条件的下行压力、增强了资本流动性、削弱了有组织的劳动力、限制了对工作者的保障，并产生了根深蒂固的经济不平等。新自由主义在这三个国家发挥作用的方式不同，这取决于它们国内各阶级力量的差别、独特的历史、人口统计学特征（尤其是性别和年龄结构）以及社会规范和文化。

制度很重要。我们认为制度是个人无法控制的"社会事实"，并通过社会控制和制裁来强制个人执行的行为。制度是持久的，并且会随着时间的推移而自我复制。然而，劳资之间的权力斗争等集体行动可以影响制度。我们把重点放在劳动或工作制度上，是因为它们制定了许多人同意并因此而合法化的规则，这些规则在或长或短的时间内是有效解决有关生产和分配的经济和政治问题的手段。制度代表了个人和利益集群的等级顺序、规范的构成以及经济中不同类型参与者的权利和义务，它描述了劳动分配、任务分配和权力分配的方式。

我们用了两种通常会单独使用的理论方法来解释日本、韩国和印度尼西亚的制度是如何影响不稳定就业的规模和后果。我们的分析整合了一种历史制度主义方法，认为制度一旦在关键时刻建立起来，就会在更广泛的社会中塑造行为。同时，利用批判性政治经济学方法的观点，我们强调制度有其自身的历史，并产生于特定的社会和政治斗争，尤其是劳资斗争。我们将两种方法综合运用，特别关注在亚洲工业化、民主化和全球化的影响下，制度如何反映权力的发展与变化。政治经济学方法更加强调全球资本主义劳动分工的特征如何影响国家内部的权力动态及国内制度，而这些国家层面的制度也不是一成不变的。在特定情况下，它们可以获得相当大的独立性，并影响工作的性质、结构以及不平等现状。从这个意义上说，这两种理论方法具有互补性，政治经济学方法解释了塑造国家内部特定制度的跨国和国内力量及它们之间的角逐，而历史制度主义理论则解释了这些制度如何构建了不稳定就业及其结果。

主流经济学观点认为经济发展和受新自由主义影响的政策主要是市场力量的结果，而通常会忽视或淡化政治和社会因素的作用，我们的理论观点对此提出了挑战。根据这种观点，劳动力市场上的政治行为是不完善的，制度对劳动力市场的表现没有重大影响。相反，劳动力市场的表现反映的是技能、技术和生产力等方面的变化。持这种观点的经济学家可能会认为非正规就业的兴起反映的是个人偏好，例如女性希望在兼职或打零工的同时满足家庭需要。主流经济学家也可能会认为国际竞争的加剧导致雇主通过标准聘用形式（具有固定成本，在某些情况下还包含就业保障和福利）赢利的能力降低，因此转向更灵活的形式。

我们提出的问题不同于研究工作和不平等的主流经济学家。例如，他们关注更多的是个人如何获得特定技能并被分配到相应职位，而不是与职位结构本身相关的不平等是如何形成的。人和工作是相互依存的，不过我们强调的是制度因素和工作之间的关系，而大多数经济学家更关注劳动力市场的供给侧和个人特征。

为什么要研究亚洲的不稳定就业？

亚洲面积 4400 多万平方千米，人口 46 亿。亚洲人口占世界总人口的近五分之三，是全球发展的重要地区。如今，亚洲是世界工厂。联合国 2018 年的统计数据显示，当年亚洲经济体占全球 GDP（国内生产总值）的 37.2%，占制造业附加值的 52% 以上。除了 20 世纪 90 年代的经济危机时期，亚洲自 "二战" 以来经济增长显著。亚洲的变化与美国、西欧和世界其他地区的投资、生产、贸易和消费形式的变化直接相关，并受到全球价值链及其内部运作机制的影响。新型冠状病毒肺炎疫情带来的多重经验教训之一就是：要充分认识全球价值链对亚洲生产的依赖程度。由于大量的工业生产集中在亚洲，因此那里就业方式的变化不可避免地会影响各地有关生产、福利和收入的决策。换言之，亚洲就业和生产结构的变化与全球变化密切相关，包括美国和其他发达国家不稳定就业的扩大。这种生产的转移和相关成本变化给全球产业链和供需网络中的每个节点都带来了竞争压力。

为什么要选择日本、韩国和印度尼西亚？

本书对日本、韩国和印度尼西亚展开比较研究，让我们可以在国际和国家层面使用一系列基本相似的方法来研究不同社会文化和政治经济环境中的特定问题和制度数据，同时对现有文献进行广泛分析。我们的目的是通过对比国家的异同，深入了解不同国家的不稳定就业情况，并根据这三个案例提出一些一般性结论。日本、韩国和印度尼西亚提供的视角能帮助我们评估自 1945 年以来，全球和国内因素在形成不稳定就业及其表现方面的作用。这三个国家代表了亚洲各种不同经济体：日本和韩国现在是发达国家，经济相当成熟，而印度尼西亚从 GDP 来看虽然是一个大型经济体，但仍被归类为中等收入国家。这三个国家都是资本主义经济体，其经济（市场、公司、贸易）和政治体制（政党、议会、社会）具有可比性。

日本是 2019 年世界第三大经济体，根据国际货币基金组织（IMF）的数据，2019 年日本 GDP 为 5.15 万亿美元。韩国 GDP 世界排名第 12（1.63 万亿美元），印度尼西亚排名第 16（1.11 万亿美元）。这三个经济体合计占全球 GDP 的 9% 以上，占全球工业总产值的 13% 左右。日本、韩国和印度尼西亚在经济发展水平或阶段、产业转型的历史轨迹、劳工政治格局等方面存在差异。在政治上，日本的现代政治发展始于"二战"后美国塑造下的政治转型，这让日本转变为该地区最稳定的政治体系之一。在韩国和印度尼西亚，平民起义导致军事主导的威权主义衰落。这三个国家各自都以特定方式对全球资本主义的动态做出了反应，他们对国际压力的反应方式以及这种压力对国内政治经济的影响各不相同。

"二战"后的经济转型始于日本，带动了包括韩国在内的"亚洲四小龙"，然后延伸到后发展起来的经济体，包括印度尼西亚。这三个国家都经历了高速增长期，日本是其中第一个实现工业化的国家。当时强大的民族国家拥有相当大的能力来制定和实施有关国内体制和外交政策的决策。日本的国家主导产业政策让一些公司能在行业形成主导地位，并发展成为跨国公司和品牌。韩国是其中第二个实现工业化的国家，虽然它也采取了国家主导的政策，并拥有相当大的国家能力，但它在某种程度上受到了全球力量平衡的约束，发展政策为应对新国际劳动分工下的产业转移状况，以及满足对于廉价制造业劳动力的需求。印度尼西亚是这三个国家中最后一个实现工业化的国家，也是发展国家能力相对最弱的国家。其较大比例的公司与跨国公司和外国投资相关，并且更依赖全球供应链，包括来自日本和韩国公司的（供应）需求。这三个国家的社会保障都没有得到很好的发展，它们依赖以雇主为中心的发展，加剧了边缘化工人的不稳定性，并加深了不平等。尽管随着时间的推移，国家力量发生了变化，三个国家的情况也各有不同，但国家在塑造经济转型方面都发挥着关键作用。

三个研究对象国家都是实行民主代议制的国家，但它们的监管制度、在全球产业链中的位置、阶级结构和历史发展轨迹都各不相同，这意味着每个国家不稳定就业的动态也各有不同。在日本和韩国，不稳定就业情况的恶化反映在"标准"雇佣关系的员工与"非标准"工作形式的员工之间的区别越来越大。在日本和韩国，由于"非正规"就业有所扩大，女性就业受到的影响尤其严重。在印度尼西亚，不稳定的工作通常被理解为没有合同的工作，这在非正式经济领域和农业中广泛存在。在每个国家，尽管对不稳定就业的定义不同，但这些术语所涵盖的工作都是不确定、不稳定和不"安全"的，员工承担高的工作风险，但福利有限。

统计说明

当代比较研究越来越依赖于全球、区域和跨国数据集，创建这些数据集的目的是利用涉及统计操作的定量分析来检验假设。在比较政治学中，这种方法已成为主要的分析模式。尽管这样的分析可以展示各国之间的各种表现，但国家层面差异的结构通常未经检验。在本书中，我们使用了从现有国际和国家数据库中提取的原始数据进行比较分析。这些数据不是用来检验假设的，而是用来说明和突出国家之间的异同的。此外，用统计和定性数据可以让我们对日本、韩国和印度尼西亚的不稳定就业进行细粒度分析。

我们承认有些定量数据是有问题的。经合组织、国际劳工组织（ILO）和世界银行（World Bank，以下称世行）等国际组织的数据库通常是基于各国政府提供的数据建立的，虽然基本项目具有可比性，但在对各国数据进行考量时，会出现定义差异。总的来说，我们发现尽管定义有时会有所不同，但日本和韩国的数据最容易进行比较，而印度尼西亚的国家数据与其他两个国家有很大的差异。然而，对于印度尼西亚的详细分析而言这种差异仍然有用。在接下来的章节中，我们会酌情标记定义和数据的差异。在许多关于不稳定就业的文献（包括国际劳工组织的研究以及国家统计数据）中，最常用的术语是非标准就业，我们可以将这个术语与非正规就业互换使用。标准就业（我们将其与正规就业视为同义）如果不确定、不稳定和不安全，那么也可能是不稳定就业。我们将在第1章中进一步讨论这一点。

不平等与贫困

正如我们在接下来的章节中所展示的那样，不稳定就业已经在日本、韩国和印度尼西亚产生了重要的社会和经济影响，并导致日益严重的不平等现象，让某些人口群体陷入长期贫困，也使更多的人生计和收入不保。与此相关的是，低工资、灵活化、临时化和非正规化正在塑造亚洲劳动力并限制了生活方式的选择和发展机会。由此产生的工作不安全感抑制了对更高工资和福利的需求，降低了（用工）成本，提高了"全球竞争力"。灵活化、临时化和非正规化已被用来约束劳工和限制集体组织，以此最大限度地减少法律保障及限制福利。

例如，在过去的 30 年里，日本已经从一个相对平等的社会转变为一个"有差距的社会"。北尾和山田的研究表明，自 20 世纪 90 年代以来，由于日本制造业不断离岸外包，由此导致的服务业就业转移，收入和财富方面的不平等都在加剧。其结果是，由年长未婚者、非正规工作者和单身母亲等边缘群体为主导的家庭进一步贫困化。这是因为边缘化的社会群体受雇于各种非正规工作，劳动力数量不断增加，而经济保障不断减少。这还产生了更广泛的影响，因为许多年轻人被边缘化为非正规工作者，因而他们选择推迟或避免结婚和组建家庭，这让本已很低的生育率雪上加霜。这意味着倾向于依赖支持性家庭的政府社会政策（以前是事实上的福利制度）与新出现的社会现实出现了矛盾。穷人虽有工作但工资低、社会福利有限，他们的贫困状态正在变得根深蒂固。

韩国自 20 世纪 90 年代以来也表现出类似的不平等加剧趋势。收入不平等和相对贫困率的急剧增加是 20 世纪 90 年代初经济自由化和 1997—1998 年经济危机影响的结果，后者导致失业率上升，自由化步伐加快，其中包括 21 世纪第一个十年中期备受争议的雇佣关系变化和福利改革。这些争论是两方面的：保守派政府将经济带入了危机的动荡之中，1998 年随着经济崩溃而上台的新执政党——新政治国民会议（National Congress for New Politics）并没有充分认识到新自由主义的问题，跟着国际货币基金组织的指引走。新的政府想要在重振经济的同时，加强民主政治并废除权威发展型国家的遗留影响。然而，在经济异常困难的情况下，新政府被迫向国际货币基金组织申请救助基金，在没有充分考虑其要求的经济改革会带来什么影响的情况下，就接受了国际货币基金组织的条件。

在过去的 20 年里，印度尼西亚的不平等也迅速加剧，也是在这一段时间里制造业和农业对增值商品的贡献下降，服务业不断增长。到 2014 年，印度尼西亚的不平等水平达到历史最高水平，基尼指数从 2000 年的 0.30 上升到 2014 年的 0.41，高于印度尼西亚的大多数邻国，尽管世行认为这个数据低估了现状。乐施会①（OXFAM）表示，"现在印度尼西亚最富有的 4 个人的财富超过了最贫穷的 1 亿人的财富总和"。后来贫困率有所下降，但这是因为贫困线划定得过低，不切实际。尽管近

---

① 乐施会是一个具有国际影响力的发展和救援组织联盟，旨在与政府、社会各界合作，一起解决贫穷问题，让贫穷人群得到尊重和关怀。——编者注

30 年经济高速增长，但近 40% 的印度尼西亚人仍然深陷贫困或容易陷入贫困。

如前所述，不稳定就业并非东亚和东南亚独有。所有经济体都有将风险从政府和雇主那里转移到工作者身上的不确定和不安全的就业形式，包括发达资本主义国家。非正式经济及不稳定就业主导着大多数发展起步晚的国家。尽管不稳定就业的基本性质没有本质不同，但与监管环境、工业化水平以及资本和劳动力的相对力量等当地条件相互作用的全球动态却有不同。新自由主义和全球资本主义由于其不同的社会、经济和政治动态，对三个研究对象国家的劳动力市场和工作结构产生了不同的影响。本书认为，不稳定就业的程度和形式的不同是由劳资相对力量不同造成的。同样，国家监管、再监管或缺乏监管也因国家能力及其政治体制的性质而异。

日本、韩国和印度尼西亚不稳定就业的增长表明了这些不同动态的存在。20 世纪 80 年代中期，全球化浪潮席卷全球，日本劳动力市场放松管制，并放松了对公司使用非正规工作者的规定，而且国家只为正规工作者提供社会保险福利，日本企业采取了削减成本政策，这是日本不稳定就业开始增加的主要原因。在韩国，1997—1998 年经济危机后新的民选政府实施了新自由主义经济改革，这直接导致了不稳定工作者人数的急剧增加。这些改革包括提高劳动力市场的灵活性、国有企业的私有化以及金融危机后金融市场的重组。对印度尼西亚来说，不稳定就业增加同样也是新的政府实施的新自由主义改革的结果。政府解除了对劳动力和市场的管制（或更准确地说，是开始重新管制），这是其分权进程的一部分，在此过程中国家采取了旨在扩大就业同时促进"劳动力灵活性"的自由化政策。

本书内容概述

有关政治、经济和社会制度如何影响亚洲不稳定就业、劳动力市场表现和不平等现状这一课题的学术研究日益增多，本书进一步丰富了相关研究。现有研究通常会在特异性和普遍性之间进行取舍。一些关于不稳定就业及其后果的研究往往聚焦一个国家，因此无法评估各种宏观结构和制度的差异所造成的影响。另一些研究虽然比较了较多国家的情况，但通常采用类型学方法，掩盖了在特定就业或福利制度下国家之间的重要差异。相比之下，我们的研究以在制度和政治进程方面存在重大差异的三个亚洲国家为对象。这种研究策略让我们得以深挖这些国家可能独有的特征。通过深入探讨这些国家的政治和劳动力市场环境，并将其与不稳定就业的定量实证信息相结合，我们可以更好地了解这些国家不稳定就业的多变性及其后果。

我们的研究借鉴了社会学、政治学、经济学、政治经济学、历史学、公共政策和亚洲研究等领域的跨学科成果，通过采用多层面的方法，将宏观结构的制度和政策、中观结构的就业关系特征与微观结构的个人及其家庭表现联系起来。通过结合跨学科和多层面的研究，我们能够更好地理解不稳定就业背后的政治、经济和社会因素如何相互作用，以及会产生哪些负面后果。总而言之，本书以全球经济扩张的重要结果（不稳定就业及其对不平等的影响）为对象，开展了多层面（研究社会进程及其对个人的影响）、跨学科（特别是跨社会学、政治学和经济学）的比较研究（考察三个在重要方面存在差异的民主国家），特点鲜明。我们还通过整合历史制度主义和政治经济学的方法，了解在出现了不稳定就业及其影响的国家里制度所起的作用。通过对三个案例进行比较，我们指出了亚洲不稳定就业的多样化性质，表明该地区不稳定就业的形成和变化是全球经济转型、国家政治转型和当地劳工政治相互作用的结果。

这本书探讨的主题众多，包括对不稳定就业的比较研究、全球资本主义与国内政策如何相互作用产生了不稳定就业、不稳定就业的普遍程度和趋势、不稳定就业对不平等和贫困问题的影响和劳工政治等。我们在每一章都会对所选的三个国家进行比较分析。比起一章介绍一个国家的做法，我们认为这种方式更能突显这些国家之间的异同。

第1章，我们将对不稳定就业给出概念化定义，并指出这种就业方式是与福特主义时期标准就业方式的背离（至少在日本和韩国是这样）；简述了非正规就业、非正式经济就业和自营就业等各种形式的不稳定就业；介绍了指导本书分析的概念模型；讨论了我们如何试图将历史制度主义和政治经济学对制度的解释整合到我们的研究框架内。

第 2 章，我们将对本书中的三个案例国家（日本、韩国和印度尼西亚）进行综述，简要总结这些国家自 20 世纪 70 年代以来经济、社会和政治制度的主要特征，并说明这些特征如何反映了我们在第 1 章中对这些制度所做的理论论述。我们在本章还提供了这些国家的人口和工业特征的信息。

第 3 章，我们将讨论由于国内外因素交叉所导致的三个研究对象国家不稳定就业扩大和不平等加剧的方式。首先，我们将确定与全球经济相关的外生因素（如新自由主义化和全球资本主义的动态，超全球化、生产和投资的过程）以及与这三个国家各自的政治、经济和社会力量相关的内生因素。然后我们将讨论东亚和东南亚的全球资本动态如何通过与日本、韩国和印度尼西亚的经济、政治和社会制度相互作用，创造出了非正规就业的形式，并解释了该形式如何普遍地将就业风险从政府和雇主那里转移到个人身上的。

第 4 章，我们将通过数据说明日本和韩国非正规就业扩大的过程以及印度尼西亚非正式经济的重要性。我们将提供三个国家就业形式及其趋势的数据，尤其是日本和韩国非正规就业与正规就业数据的对比，以及印度尼西亚非正式与正式就业数据的对比。在日本，非正规就业的扩大是一个关键趋势，尤其是对男性而言。在韩国，规模庞大的个体经营部门（其中大部分没有员工）尤为重要。我们还将比较日本和韩国从事非正规工作的男性和女性在转向正规工作时面临的不同机会。对于印度尼西亚，我们将提供正式经济与非正式经济的数据，以此展示后者是如何保持重要地位的，并解释了即使在所谓的正式经济中非正规工作仍然很重要。

第 5 章，我们将讨论非正规就业与工资水平等劳动力市场表现，以及与社会保障（如健康保险、养老金福利、失业保险和培训）相关的更广泛的不平等和贫困之间的关系。我们将展示日本和韩国非正规工作者和正规工作者之间工资差距的数据，以及这些数据与性别差异的关系，并讨论韩国个体经营者特别不利的处境。我们还将讨论印度尼西亚正式员工、自有账户工作者和其他非正式工作者之间的工资差距。然后，我们将提供每个国家的贫困数据，以此尽可能展示贫困率是如何因就业形势而不同的。我们通过比较劳动力市场制度和社会福利保障来解释非正规工作者和正规工作者之间的工资差距，强调影响劳动力市场制度（尤其是工会和集体谈判以及最低工资法）和社会保障（健康保险、退休和养老金福利、失业保险福利以及与职业安全和健康等相关的劳动法）的宏观结构因素及政治因素。

第6章，我们将讨论三个研究对象国家的劳工政治。重点提出劳工、公民社会与政府对不稳定就业、不平等和贫困做出的反应，其中包括旨在减轻工作者及其家庭所承受的严重负面影响的自下而上的社会和政治运动，以及政府（可能是因为受到抗议活动的推动）自上而下努力制定的政策（如更慷慨的福利政策），是如何保护工作者免受不稳定就业后果的影响。

在结语中，我们将总结我们对日本、韩国和印度尼西亚不稳定就业的研究结果及其对当前和未来问题的影响。我们的观点是需要提供全面的社会保证来帮助人们应对不稳定就业扩大带来的风险。社会保障的必要性得到了广泛认可，就连世行最近的报告中也表明了这一点，它的观点在很大程度上受到了新自由主义经济理论的影响。然而，尽管就需要实现什么结果达成了共识，但对于该如何达到目的较少达成共识，从而引发了重要的政策辩论。世行的政策建议重点是为个人提供更多在不平等社会中取得成就的机会，而不是直接解决由阶层差距产生的差异和不平等问题。而我们认为，需要对收入和财富进行基于阶级的再分配，以此减少非正规工作者和正规工作者之间的不平等。这种变化需要重新广泛分配政治权力。

第1章
比较视角下的不稳定就业

本章我们将概述不稳定就业的一般概念及它的前因后果，并借此为后续讨论日本、韩国和印度尼西亚不稳定就业的源头和结果奠定基础。首先来看"二战"后，尤其是日本和韩国等发达工业国家所特有的标准或常规雇佣关系的概念。这种就业形式与西方福特主义有关，它是那个时期福利制度发展的基础。不稳定就业代表了对这种理想的典型雇佣关系的背离，我们接下来会详细阐述对它的看法。最后，我们将勾勒出指导我们在后续章节中进行分析和论证的概念框架。

福特主义、标准工作和社会福利

在西方工业化国家，从"二战"结束到 20 世纪 70 年代中期是经济相对高速增长的时期之一。这种增长伴随着福利制度的完善，它为大量人口提供了相当大的经济保障。这一时期工业化经济体的生产体系被认为是福特主义的生产体系。福特主义以流水线制造为中心，生产相对廉价的标准化商品，给工作者支付工资，让消费足以支持消费社会的发展和维持。支撑福特主义的是大规模生产的技术进步，这种技术进步通过规模经济提高了生产力。在此期间，不平等程度下降，失业率保持在相对较低水平，中产阶级不断壮大。对西方的一些工作者，尤其是白人男性来说，这个"黄金时代"的基础源于国家在资本组织下的劳资关系中发挥了调解作用。因为工会相对强大，有采取集体行动的意愿，所以这一切改变了早前几十年里更为粗暴的福特主义。然而，福特主义的生产体系在泰勒管理体系下提高工作者生产力的同时，也让工作者经历了去技能化和同质化的过程。①

这一时期，通过工作场所和政治斗争获得的规范性雇佣关系是标准就业，即在雇主的营业场所，在雇主指挥下的全职固定工作，有固定的工资和福利。而教育、医疗服务和福利等其他方面的社会福利通常是国家的责任。国家资本主义的经济增长、战后相对年轻的劳动力以及社会民主政治制度在西方的延伸增加了这种就业形式的可行性。标准就业主要限于男性员

---

① 我们感谢关于福特主义和后福特主义的性质、延续时间和特征的相关讨论。参见克拉克（Clarke，1999）、甘比诺（Gambino，2007）以及尼尔森（Neilson）和罗西特（Rossiter，2008）。

工，因为在一个家庭相对稳定和生育率水平高的时代，工作场所的运作在很大程度上依赖"男主外女主内"的模式。这种雇佣关系模式是劳动法律法规的基础，为工作者提供了一定的保障，使他们可以免于在不公平和不安全的劳动条件下工作。标准雇佣关系（SER）也是分配工作者福利和提供众多社会保障的基础。

提供社会再生产和社会保障的是三大制度性机制：国家（通过公共支出）、雇主（通过提供福利）和家庭（通过两人工作或家庭支持）。这些机制的形式和范围因国家制度、政治和文化特征不同而有很大差异。在他对先进（西方）资本主义民主国家的研究中，埃斯平·安德森（Esping Andersen）确立了"福利资本主义的三个世界"或三种不同的福利制度模式，这些模式在 20 世纪 60 年代和 20 世纪 70 年代得到巩固，并提供了不同程度的社会风险保障。他基于三个指标划分了这三种模式：去商品化（个人福利依赖市场的程度）、社会分层（国家在确定社会分层结果中的作用）和公私合力（国家、家庭、志愿者部门和市场在福利提供中的相对作用）。

在这些指标基础之上，埃斯平·安德森确定了三种体制类型。第一个是北欧国家式的社会模式，其特点是集中统筹的（劳资）谈判和全面普遍的福利国家。在这种模式下，国家致力于保障充分就业和收入，干预型政府推动社会财富再分配。

第二种体制是像奥地利或德国等保守的欧洲大陆模式，其典型特征是社会公民权按阶级划分（通常基于职业），家庭、福利和就业之间的联系更为紧密。在这种模式下，现有的社会形态往往能得以维持。这些国家对再分配的影响微乎其微。最后一种制度类型是英美那种自由主义的盎格鲁－撒克逊模式，其体现为相对适度的公共福利和权利，在工会化的核心经济部门中工作的人享有更多的个人优势。

有学者提出生产主义或东亚社会福利模式（EASWM）是福利资本主义的第四个"世界"。东亚社会福利模式以日本、韩国和中国台湾为代表，是"发展型"的模式，其关键特征是包括社会保障在内的社会政策服从并促进经济发展和增长。社会福利权力相对有限，并与生产力的提高相关联，从而强化了社会中生产要素的地位，因此在日本或韩国受到青睐的"核心"制造业就业的工作者可以从雇主那里获得可观的福利（包括"终身"就业的保证），而那些在核心就业体系之外的人则被迫依赖家庭或社区等其他保障来源。在东亚社会福利模式下几乎没有出现去商品化，因为社会保障和生活水平在很大程度上取决于一个人在劳动力市场上的地位。

根据何立仁（Holliday）的说法，福利资本主义的东亚社会福利模式的两个决定性特征是：

以增长为导向，社会政策的所有方面都从属于经济或工业目标。其他都依此逻辑而来：与生产活动挂钩的最低限度的社会权利扩大，社会中生产要素地位的加强，以及旨在促进增长的社会市场家庭关系。

何立仁在埃斯平·安德森对于社会权利、阶级分层和社会市场家庭关系的定义的基础上更进一步，区分了福利资本主义的生产主义世界的三种变体。他认为日本是"发展型普遍主义的"，部分社会权利扩大到人口中的生产群体，但也有一些普遍的社会福利。新加坡被认为是"发展型特殊主义的"，社会权利极少，但社会的生产要素获得了一些福利。最后一种是"促进型的"中国香港，市场优先，社会权利极少。

所有四种形式的福利资本主义在不同程度上都是基于标准雇佣关系的理念。受雇于核心经济部门的人缴纳社会保险，特别是在欧洲大陆和奉行东亚社会福利模式的国家，以及美国等严重依赖雇主提供社会保险的自由市场经济体。自由和保守的福利制度被分割成两部分，一部分针对标准雇佣关系内受保护的内部群体，一部分针对被排除在其之外的外部群体，这种模式也存在于日本和其他东亚经济体，标准雇佣关系的可行性和相关福利制度由此得到加强和促进。在法德等欧洲大陆国家以及意大利和西班牙等南欧国家，福利制度为标准雇佣关系内的人提供就业保障，而这种劳动关系以外的劳动者则面临着不稳定的就业。在东亚社会福利模式国家，福利政策覆盖面通常很窄，而且往往仅限于政府工作人员或有组织的正规现代工业部门的工作者。

西方福特主义政治体系在20世纪60年代末和20世纪70年代初期深陷的经济和政治危机，以詹姆斯·奥康纳（James O'Connor）提出的国家财政危机的形式瓦解。这种危机的特点是无法在维持社会福利和公共产品的同时实现经济增长和利润。西方资本放弃了政治化的福特主义，转而拥抱国际化生产，在发展中国家寻求廉价和无组织的劳资关系，同时在政治和意识形态上反对凯恩斯自由主义，试图借此增加利润，并摆脱监管枷锁和集体劳动协议的限制。英国前首相撒切尔夫人（Margaret Thatcher）和美国前总统罗纳德·里根（Ronald Reagan）的上台使资本成功实现了它的政治目标。

不稳定就业的概念化

几年前，哲学家斯拉沃热·齐泽克（Slavoj Žižek）曾说过，当代世界中，"能在长期劳动中被剥削现在被视为是一种特权"。这是他对许多人就业变得越来越不稳定、不确定和不安全的全球现象做出的讽刺性反思。这种不确定性也体现在那些想工作或必须工作的人身上，他们有时有工作，有时没有。他们要么在家干活，要么属于自营职业，尤其是那些没有雇员的光杆司令，有时被称为自有账户工作者，要么干脆失业。政客、媒体和学者将风险从雇主转移到工作者身上的就业形式被称作不稳定就业、零工经济、平台经济和临时性劳务。在一些国家，这种就业关系的转变恰逢新自由主义时代国家福利和法定权利的减少。即使在新型冠状病毒肺炎疫情之前失业率已降至历史低点的经济体中，不稳定就业的形式也已成为就业的基本组成要素。

通常，与不稳定就业相关的多重变化被认为主要是西方现象，它反映了福特主义的终结和标准工作的消亡。人们通常认为西方以外的工作者一直在经受不稳定、不确定和不安全的工作，以及家庭工作、自营职业和失业的困扰，就像1945年之前西方大公司核心生产领域之外的工作者那样。但事实上，在20世纪70年代初的一段时期内，全球价值链的兴起以及科技和物流的创新将生产转移到工资较低的经济体，让不稳定就业成为一种全球现象。工作、工作者、雇主和国家之间的关系发生了深刻的变化，极大地改变了工作者及其家庭和社会承受风险的方式。这种变化在政治上形成了巨大挑战。例如，近年来破坏稳定的民粹主义浪潮中有大量政治性的陈词滥调，哀叹工作、就业和不安全感的变化，并将这些变化归咎于剥削大众的精英、政策和新自由主义的政治主导地位。

近几十年来，亚洲的就业关系也发生了相当大的转变。尽管亚洲的工作者长期以来一直从事的是不稳定、不确定和不安全的工作，但在20世纪50年代、60年代和70年代日本、韩国和中国台湾等工业化扎根的地方，"标准就业"通常意味着在大公司工作，受雇终身，工资上涨与资历挂钩。现在这种形式受到越来越多的兼职、合同工和短工的挑战。在印度尼西亚、泰国和马来西亚等新兴工业经济体中，工业就业还不够发达，其对就业的性质也没有主导性影响。在这些工业化起步晚的国家里，服务业就业率最高，特别是在所谓的非正式部门（见本章后面的"非正式经济"部分）。在这些国家，新自由主义经济政策也有所加强，这意味着福利制度仍然有限，不稳定就业就意味着不稳定的生活、家庭和社会。

以往研究就业不断变化的性质时，用的是标准和非标准就业或正规和非正规工作的二分法，不稳定就业超越了这种二分法，在学者和公众中都很有共鸣。事实证明，这种二分法不适合用于研究全球生产的复杂性，分析人员发现不稳定就业的概念颇有用武之地，因为它所包含的情况都是由工作者承担工作风险，无论他们是正规（标准）、非正规还是非正式就业。在定义不稳定就业时，沃斯科（Vosko）写道，这是"以不确定性、收入低、社会福利和法定权利有限为特征的付酬工作"。

她补充说：

> 这种工作由就业状况（即自营或有偿就业），就业形
> 式（例如临时或永久、兼职或全职），劳动力市场不安全
> 以及社会情境的维度（例如职业、行业和地域）和社会
> 定位（或性别等社会关系与公民身份等法律和政治身份
> 之间的相互作用）决定。

用来描述不稳定就业的不稳定性、不确定性和不安全性
特征的术语有很多：非典型、非常规或非标准工作、临时或季
节性工作、散工和兼职工作、在家工作、自营职业、委外和委
内、非正规化、灵活化和临时性就业。这些相关术语往往被包
含在不稳定就业的概念中。[①] 尽管其因缺乏精确性而受到批评，
但不稳定就业的定义模糊性也有助于体现各种类型的工作，这
些虽然都不是"新"形式，但让雇主得以降低成本、限制或减
少固定工作者、最大限度地提高灵活性、降低劳动力的组织能

---

① 斯坦丁（Standing）对不稳定就业有众多学术著述。他的关注点是不
　稳定无产者阶级这个新阶级或正在形成的阶级。这个提法已经引发
　了相当多的辩论。在本书中，虽然我们发现不稳定就业这个概念在
　讨论工作性质时很有用，但我们并不认为一个新的阶级已经或正在
　出现。

力，并将就业风险转移给工作者。正如我们所说，标准／正规和非标准／非正规工作都可以被视为不稳定就业，这取决于这些工作是否具有社会或法律保障，以及是否由工作者承担工作风险。

降低成本的策略会刺激各种形式的不稳定就业，这一点似乎很明显。美国用临时工作这个术语来指代为满足雇主需求而使用劳动力的情况。事实上，在许多最早的相关研究中，雇主使用临时工的主要动机是通过减少工作者空闲时间、工作量不足的时间、削减福利和解雇工作者来控制成本。想要更好地控制劳动力的愿望也产生了重大影响，这种愿望通常被说成是为了寻求更灵活的劳动力市场。工会化程度、集体谈判机制和工作场所监管都被确定为影响投资决策的重要因素，这些都是企业试图避免的。同样，埃文斯（Evans）和吉布（Gibb）认为，不稳定就业的增加有三个诱因：①时薪成本降低；②产品需求下降时，工作者更容易被解雇；③除成本考虑之外，商人不愿接受对其活动进行监管的原因还涉及意识形态。

以下我们将更详细地讨论几个通常与不稳定就业相关的术语：非标准或非正规雇佣关系、非正式经济和自营职业。

非标准 / 非正规雇佣关系

罗杰斯（Rodgers）将标准雇佣关系定义为"包含一定程度的规律性和持久性，保护工作者免受不为社会所接受的做法和工作条件的影响，有明确的权利和义务，并成为支撑经济增长的社会稳定核心"的雇佣关系。后来，卡勒伯格等人定义了标准雇佣关系的特征："以工作者的劳动换取雇主的金钱补偿，在雇主的营业场所按照固定的时间表完成工作（通常是全职工作），受雇主管理，并且双方都预期雇佣关系将长期持续。"这个定义和其他类似定义表达的是与福特主义生产制度相关的雇佣形式。

作为标准工作二元对立面的非标准工作由多种工作形式组成，对它的描述是"标准全职工作以外的雇佣关系……例如，由标准工作岗位改成的兼职、计日工和候命工作、临时工和合同工、独立承包和其他自营职业"。这种二分法在分析问题时是否能发挥作用受到以下事实的挑战：并非所有标准工作都是稳定、有保障和有确定性的，而且随着我们在本书中描述的各种新自由主义政治和经济政策的普及，这种二分法的用处就更小了。

非正式经济

另一种二分法是正式经济领域和非正式经济领域之间的

二元对立。这种二分法与 W. 阿瑟·刘易斯（W. Arthur Lewis）的研究和他的"无限"劳动力供应的概念有关，即工作者离开农村并进入城市劳动力市场时可为工业化初期提供无限劳动力。在这些城市劳动力市场中，"收入相对较高、就业条件优越、组织良好的小规模正式营利性组织与收入低而不稳定的大型非正式营利性组织并存"。

20 世纪 70 年代初，学者及国际劳工组织在肯尼亚的研究人员认为，"现代"经济领域（正式经济）不同于"传统"或"转型"经济领域（非正式经济），后一类型的经济体中工作者都是各自为政。这种观点让正式经济涵盖的范围成为现代化的衡量标准。这也意味着，在非正式经济持续存在的地方，贫困很可能作为传统经济的产物而持续存在。在政策方面，国际劳工组织建议对接并发展正式经济，在正式经济领域创造更多就业机会，借此减少贫困。因此，即使非正式经济包括所有者、企业和工作者的活动，但所涉及的企业因为没有注册，也不像正式和"现代"企业那样纳税，所以不是现代的经济形式。

阿诺德（Arnold）和邦乔瓦尼（Bongiovi）根据国际劳工组织的定义，将"非正式就业"定义为"所有不受现有法律或监管框架承认、监管或保护的有偿工作，包括自营职业和计酬工作，以及在营利性企业中从事的无报酬工作"。换言之，一方面，非正式就业被认为制度化水平低，国家不予监管；另一方面，正式就业的特点则是具有稳定的就业、工资和法律监管。与个体经营一样，微型企业及其"企业家"近年来也受到了相当大的关注。这种以企业为中心的就业形式与自营职业和非正式企业的定义有所重叠，后者由个人或家庭拥有和经营，并不独立于其所有者。近年来，政策上对这种非正规性或缺乏制度化的响应围绕着小额信贷和微型企业改革展开，这种响应被概念化为释放"企业家精神"。

非正式营利性组织的特点就是规模小、劳动和资本作为生产要素很少或没有分工、经济活动发生在法律法规或行政规则管辖的范畴之外、雇主和挣工资的人承担工作风险。非正式就业包括非正式企业中所有类型的就业，工作者不属于法律定义的"员工"，因而得不到正式就业的员工可获得的社会和法律保障。非正式经济领域的工作者包括：在自己的属于非正式经济的小型企业工作的自有账户工作者、在自己的属于非正式经济的企业工作的雇主、无薪家庭工作者、非正式生产者合作社的成员，以及正式经济中未被社会保障和国家劳动法覆盖的工作者。

正统经济学家一直倾向于认为，随着农村地区劳动力供应趋紧推动工资上涨、条件改善和进一步正规化，非正式经济将会衰退，这样的期待尚未实现。如拉丁美洲和东南亚所示，在过去30年中，随着经济增长，非正式就业人数一直在增加。在包括印度尼西亚在内的许多发展中经济体中，非正式经济的规模仍然很大。全球数据表明，超过60%的工作者在非正式营利性组织中工作，而在亚洲地区这个数字为68%。经合组织和国际劳工组织在总结2016年的全球形势时指出：

> 全球大部分就业人口就业于非正式经济，共有20亿工作者。如果将农业从业者也包括进来，约占工作者总数的61%；如果不把农业从业者包括进来，则占工作者总数的50%。非正式就业存在于所有类型的就业中，在全球范围内，这包括4/5的自有账户工作者、1/2的雇主、2/5的员工和所有无薪家庭工作者（从定义上来说就是非正式的）。

在印度尼西亚，少数工作者构成了所谓的现代或正式营利性组织（其中许多人在公共部门工作）；他们能享受一些福利，相对有保障，甚至可以参加集体谈判。然而，在非正式经济仍存在并持续扩大的同时，这个小规模的正式经济也正在经历快速的非正式化。在这种情况下，在描述印度尼西亚等国家正在发生的就业转变时，不稳定就业的概念可能比非正式经济与正式经济，以及非标准工作与标准工作之类的二分法更有用。

自营职业

主流经济学家和社会科学家经常将非正式自营职业和家庭就业视为落后的经济现象，认为农业的衰落、城市化持续加速、企业不断扎堆聚集将让曾经人数众多的自营职业者所剩无几。在发展中国家，新兴的非正式经济和农业被认为是相互关联的，那些离开农业的劳动者开始从事非正式自营职业或进行家庭就业，以此作为通往现代经济的过渡。事实上，有偿就业被认为是"现代的"，而自营职业与城市和农村的非正式经济相关。

前些年，围绕自营职业和家庭就业出现了另外两个主流问题。第一个问题为，是否正是自营职业催生出了企业家。第二个问题为，自营职业究竟是一种人生的选择还是贫困的结果。与这些问题相关的政策结果表明需要支持自营职业者：对于那些认为企业家是自愿选择成为自营职业者的人来说，提供包括微型金融在内的支持至关重要。小额贷款也被认为对解决贫困问题起至关重要的作用，不过这需要额外的保障和支持。

这种主流方法的根本问题在于它的基本假设，即自营职业和家庭就业是向现代经济过渡不完全的标志。结果就是贫困在概念上也成了这种不完全转变的结果。但证据表明这样的假设是有缺陷的。哈佛大学肯尼迪政治学院的玛莎·陈（Martha Chen）认为，在家工作的工作者"在一些国家的城市就业中占很大比例，尤其是女性，尤其是在亚洲"。她引用印度和巴基斯坦的数据显示，这两个国家在家工作的工作者分别占城市总就业人数的 14% 和 4%，分别占女性城市就业人数的 32% 和 31%。2013 年，盖洛普（Gallup）的报告称，全球近 30% 的劳动力是自营职业者。按地区划分，自营职业者占比最高的几个地区分别是东南亚（占总劳动力的 41%）、东亚（39%）和撒哈拉以南非洲（36%），占比最低的是北美（7%）和欧盟（10%）。在世界范围内，自营职业者在他们所生活的地区富裕程度和受教育程度相对较低。盖洛普报告指出，在这种情况下，自营职业可能是谋生必需，而不是一种机遇。事实上，这些数据表明，以家庭为基础的生产、自营职业和其他与非正式就业有重叠的就业类别一直都是资本主义生产的一部分。近年来，竞争压力的增加导致这些类别的就业出现了整合和扩大。

正如我们将在第 4 章中展示的那样，日本的自营职业者往往是自愿为之，而在韩国和印度尼西亚，大量证据表明，大多数人从事自营职业都是为了维持生计。在许多情况下，在全球范围内迅速扩张的所谓零工经济中谋生的人被称作"自营职业者"，而他们实际上就是"变相的临时工和无固定工资工作者"。

概念框架

我们将理论论证的关键组成部分化为了概念，在图 1–1 中进行了总结。从一个框到另一个框的粗箭头表示我们假设第一个框中的概念会影响第二个框中的概念。例如，从全球资本主义／国家差异框到不稳定就业框的箭头表示我们假设不稳定就业的维度（即非正规工作形式、非正式经济和普遍缺乏社会保障）受到全球资本主义的动态（以及国家在全球分工中的地位）和国家在政治、劳动力市场、社会福利保障制度方面的差异，以及国家历史特征的影响。同时，我们认为，不稳定就业导致了非正规工作的工作者与正规工作的工作者之间、非正式经济中的工作者与正式经济中的工作者之间、受雇工作者与自营职业者之间的不平等。这种分工维持了劳动力市场的二元性，有助于解释日本、韩国和印度尼西亚的不平等和贫困问题，这需要劳工、政府和企业做出响应来予以缓解。这些不同的动态推动了变革的可能性。

图 1–1 中方框之间的粗箭头也是本书讨论的各个主题。这些箭头表明的是影响而不是因果关系，但即使是这样也低估了现实的复杂性。全球和国内动态也会影响不平等和贫困，当然还有政治。此外，工作者、民间社会组织（CSO）和政党也会对不稳定就业、不平等和贫困等问题做出反应，从而影响政

治、抗议和政策。

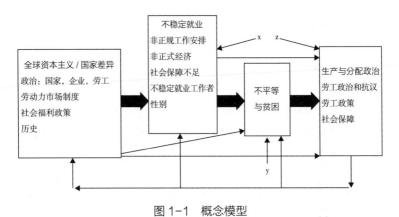

图 1-1 概念模型

此外，我们并不是说不稳定就业仅是由全球和国家层面的动态造成的，尽管在本书中我们的重点是政治、经济和社会力量，但技术和产业转型等因素也发挥了影响。我们用从 X 到"不稳定就业"框的箭头来表示模型中技术和产业转型等力量（图 1-1）。同样，不稳定就业也不是不平等和贫困的唯一原因。经济制度、所有制形式和工作形式也会对贫困和不平等产生影响，其表现形式可能就是不稳定就业。其他影响因素包括财富转移和税收制度、金融化和商业监管制度。我们把这些未明确的影响用从 Y 到"不平等与贫困"框的箭头来表示。对于不是由模型中明确表示的其他因素（如社交媒体、自然灾害或流行病的效应）对政治、抗议和政策造成的影响，我们在图 1-1 中用从 Z 到"生产与分配政治"框的箭头表示。同时，我们认为生产与分配政治反过来会对模型的其他部分产生影响，这些政治动态会导致劳动力、商业和国家关系出现结构性变化，并为劳动力市场和社会福利保障带来变化。生产与分配政治也会影响不稳定就业的范围以及不平等和贫困等结果。

最后，各国的历史经验决定了三个研究对象国家在制度和文化方面的所有差异。在某种程度上，历史被用作涵盖文化、政治和制度差异的一个包罗万象的类别，而这些差异并未在那些明确标识了的福利国家和劳动力市场制度（和其他力量）中体现出来。一个国家的历史经验也创造了一种路径依赖性，它决定了该国未来解决不稳定就业及其后果时可能采取的方式。

不稳定就业的制度源头

我们认为国家、地区和全球资本主义的多尺度动态影响了政府和资本在全球和国内经济竞争中可有的选择。政治经济学理论能最好地解释这些多尺度力量，这些理论强调区域和全球经济中的权力关系，以及国内经济中资本和劳动力之间的关系，后者对劳动力和社会福利保障制度的性质又有额外的影响。

工作者权力是指工作者以个人身份或集体形式在劳动力市场上获得优势的能力。工作者结社的力量来自工会等集体组织和集体进程（例如集体谈判）。工会可以与公民社会组织和其他利益集团以社会工会主义的形式携手，共同增强他们结社的力量。工人的结社力量也可以来自政党、职业团体等集体组织。结社力量与结构力量不同，后者源于经济体系中的地位所产生的资源，例如职业技能或组织权威。

劳动力市场制度是规范劳动力市场的法律、政策和实践，其中包括最低工资等政府政策、正规和非正规工作者的就业保障法以及积极劳动力市场政策，这些政策与失业保险相关，并为失业后寻求重新就业的工作者提供支持。积极的劳动力市场政策与一个国家的培训体系有关联，例如与工作相关的培训是由政府组织或是由雇主组织的。

我们认为，全球资本主义和国家制度差异之间的相互作用是不稳定就业的关键原因。生产全球化改变了工作的性质，资本和劳动力间权力平衡的方式也发生了变化，不稳定就业现象由此不断涌现。沃斯科和克拉克在描述有关加拿大的情况时指出，"受全球化影响的经济重组过程导致了国有企业的私有化、贸易壁垒的消除、经济的放松管制、制造和资源行业的衰退及服务业的增长"。在讨论墨西哥和阿根廷的情况时，拜翁（Bayón）发现了类似的过程，并明确指出不稳定就业、失业、贫困和不平等是由更广泛的"社会不稳定"所导致的，而"社会不稳定"指的是"获得受教育、享受医疗保健和住房机会的差异"。

许多关于不稳定就业兴起的研究将与生产全球化相关的变化和退化，与源于促进自由化、放松管制和私有化的政策集群的政治、社会和经济变化联系在一起。这些被广泛认为是新自由主义化的政策带来了监管制度的深刻变革。毫无疑问，在20世纪末和21世纪初，新自由主义政策占据主导地位，取代了"二战"后与西方工业发展、福利和资本主义国家模式相关的凯恩斯主义。

正如我们将在第2章中讨论的那样，日本、韩国和印度尼西亚不稳定就业的发展产生了对不稳定就业总体情况的新见解。尽管不稳定这个概念出现在西方语境中，用来描述20世纪80年代以来新自由主义政策的转变所导致的就业和生活质量的下降，但亚洲的不稳定就业勾勒出了完全不同的发展轨迹。它与全球资本主义、政治和文化多样性以及资本主义和就业发展的不同历史有着不同程度的关联：不稳定就业是经济利益、国家权力和文化规范相互作用的社会和政治过程。

将近几十年来兴起的不稳定就业置于历史和空间背景下也很重要，我们在本章已经做到了这一点，我们将在随后的章节中更明确地讨论在三个国家中的情况。在国际政治经济出现新自由主义转向之前，福特主义时期产生了标准工作的概念，并创建了现代福利国家。日本和韩国的一些行业在某些时期出现了不同形式的标准工作[①]。随着始于 20 世纪 70 年代的福特主义生产模式出现危机，标准就业规模在新自由主义政策兴起的同时出现下降。不稳定就业的增加反映了标准就业的萎缩和与标准就业相关的（由雇主、国家或两者共同提供的）社会保障的下降。它还反映了全球更广泛的侵夺财产和无产阶级化的进程。

不稳定就业、社会再生产和性别

在解释不稳定就业的兴起时还必须考虑到是哪些人在从事不稳定的工作。在我们研究的三个国家里，女性在劳动力中的作用至关重要，但她们更有可能从事不稳定的工作。这在生育率低和人口老龄化严重的日本和韩国尤为明显。同时，在这三个国家中，妇女仍然主要是在承担照顾孩子和家务的重担。

在日本，黄金工作年龄段从事非正规工作的女性的比例是男性的 5 倍。在韩国，非正规就业的性别差距虽然没有日本那么大，但从事这类工作的女性的比例仍然是男性的 2 倍。在

---

① 一些研究人员认为，日本汽车工业制度代表了后福特主义。其他人则认为丰田主义是"新福特主义"。多泽（Dohse）等人认为丰田主义"就是在管理特权基本不受限制的情况下实践福特主义的组织原则"。

印度尼西亚，女性在非正式经济中的比例高于男性，而且她们的报酬低于男性。更引人注目的是，非正式经济中很大一部分妇女是从事农业劳动的无薪家庭工作者。这3个国家的数据还显示，女性从事兼职工作的可能性是男性的2倍，兼职是不稳定就业最普遍的形式之一。

日本、韩国和印度尼西亚都是父权社会结构，这在与家庭生活和工作相关的不同性别角色上有所表现。在这些国家，不稳定就业性别差异的基础是文化对父权制性别角色的期望，例如婚姻就应该是女性与能养家糊口的男性的结合。性别角色的权力和逻辑也强化了这一点，因为这些会影响到与工作和非工作相关的机会以及社会权利在确保工作和经济安全方面的重要性。

通过性别视角看待不稳定就业可以强调家庭和社会再生产的作用，将无偿和有偿工作都纳入考量范围。在一个社会中，社会再生产必不可少，因为要保证一代又一代的工作者的供应。戈特弗里德（Gottfried）将这一过程概念化为社会必须进行"再生产谈判"，结果由"围绕社会供给和人类关怀而形成的制度、意识形态和身份的历史集合所构成"。在谈到日本时，她认为"二战"后日本经济得以快速增长是因为男主外女主内的模式。女性负责照顾家庭，让男性能够在公司长时间工作。随着经济增长放缓、男性老龄化和生育率的下降，日本需要更多的女性加入劳动力大军。这鼓励国家为从事兼职工作的女性提供激励，让她们能够在兼顾家庭的同时，从事有偿工作。

韩国就业和性别模式的特征也是男主外。事实上，韩国育龄女性劳动力参与率的下降幅度要大于日本。此外，韩国与日本一样，重返工作岗位的母亲几乎没有机会找到一份好工作，通常只能满足于兼职或临时工作。这往往意味着中产阶级女性重返职场的可能性要低于低收入家庭的女性。这也意味着，尽管男女之间的工资差距大于日本，韩国女性的劳动力参与率和日本一样相当的低。

在印度尼西亚，性别角色也类似于男主外女主内的模式。男性劳动力参与率在三个国家中最高，女性劳动力参与率与日本和韩国大致相同。然而，该国女性承担着照顾家人和打理家务的巨大压力。在 2010 年的一项调查中，近 60% 的已婚夫妇反馈说丈夫主要从事有偿工作，而妻子主要是负责家务。即便如此，由于人口众多而且多元，关于婚姻中性别角色的不同观点正在出现。然而，对于贫困妇女来说，如果能够获得有偿工作，劳动力参与往往是十分必要的。

尽管经济发展水平不同，在研究中的所有三个国家里，女性劳动力参与水平都相对较低，这是因为国家财政对育儿的支持有限，抑制了女性从事全职工作的可能性。

不稳定就业的经历和后果因工作者群体在劳动力市场上

可获得的资源不同而异。正如我们将在第 4 章和第 5 章中所讨论的，性别和年龄相互关联。福利和劳动力市场制度的影响因人口群体和人生阶段而异。例如，比起即将退休的年长工作者，积极的劳动力市场政策对年轻和中年工作者影响更大，尽管就业保障的程度更高——通过为年长工作者提供更大的工作保障——年轻人可能更难在劳动力市场站稳脚跟，由此可能会在一定程度上在劳动力市场上形成一种二元局面，即一部分人受到保护，一部分人脆弱无依（包括青年工作者、妇女和移民）。此外，养老金福利（福利支出的一种形式）对即将退休的年长工作者比对还有漫长工作生涯的年轻工作者来说更为重要。

不稳定就业与不平等和贫困

正如我们将在第 5 章中所展示的那样，各种形式的不稳定工作通常都是穷人从事的低薪工作，对于女性来说尤其如此。从这个意义上说，我们认为不稳定就业是造成不平等和贫困的原因之一，当然，这不是唯一的原因，正如我们在图 1-1 中通过 Y 对不平等和贫困的影响所表明的那样。

与标准工作关系的背离导致出现了不同工资水平的工作者类别。工厂曾经是标准工作关系发生的场所，但这种情况已经改变。在现在的工厂里，非正式员工（通常来自劳务承包公司）和正式员工并肩工作。这些不同的工作者群体雇主不同，工资和福利不同，合同也不同（如果有合同的话）。受雇于劳务承包公司的工作者可能没有合同或有短期合同，合同里可能包括或不包括任何福利，而且劳务承包公司的工作者通常缺乏晋升或发展的机会。工作者中有些是移民、学徒或实习生，受制于不同的法规，薪酬待遇也都不尽相同，例如有的无薪、有的按日计薪、有的计件、有的月结。

在其他情况下，工作者会在不同工作中切换，职位空缺时进入正式营利性组织，工作完成后又回到非正式营利性组织。在非正式营利性组织完成的工作往往是"派"给无薪家庭工作者或在小型作坊中完成的，这对工厂所需的零部件生产至关重要，其他工人在工厂里进行组装。还有一些情况下，家庭充当市场甚至是全球供应链制造商品的场所，或是为其他个人和家庭提供服务的生产场所，通常以女性为主力。这些不同就业形式的例子表明，"二战"后在西方发展起来并在政策和学术文献中广泛使用的二元分法无法充分应对当代就业环境的复杂性。

不稳定就业还与许多人在经济上缺乏保障有关，这不仅会影响到工作性质、工作场所和人们的工作经历，也会影响到个人的非工作生活，包括精神压力加大、身体健康不良、教育水平低，还会对家庭和社会带来更广泛的影响。虽然我们没有详细研究不稳定就业这些更广泛的影响，但很明显，不稳定就业的增长是一个影响人们养家糊口和管理日常及未来生活的能力的社会和经济问题。因此，它的影响深远，涵盖了福利、住房和经济保障等不足，这些对工作者及其家庭、政府和企业来说都是极为重要的问题。当然，所有这些问题也具有深刻的政治意义，反映了资本和劳动力之间力量平衡的变化。

劳工政治

日本、韩国和印度尼西亚的劳工运动一直在积极应对不稳定就业这一新出现的社会问题。在日本，企业工会在组织不稳定就业者时可以选择一般工会（合同工会）或社区工会。两者的成员都可以是跨企业的员工。民间社会组织和工会有时会联合起来形成社运工会主义，为实现社会变革形成广泛的联盟。

在韩国，正规工作者的工会通常认为支持非正规工作者不符合他们的利益，所以非正规工作者与其他公民和社会运动组织建立了类似工会的协会。21 世纪头 10 年非正规工作者的激烈劳工斗争、对企业日益增长的敌意以及社会和政治动荡，反映出韩国社会和政治分化的加深。

在印度尼西亚，从新秩序政权后期到 21 世纪头 10 年，激进的工会和公民社会组织针对劳动力外包和最低工资的抗争使当局做出让步，赢得了一些成果，尤其是在工资方面。然而，这些成果是相对短暂的，2020年提出的一项新法案推翻了这些成果，引发了大规模示威活动，但最终仍未能阻止该法案生效。工会和公民社会组织对韩国和印度尼西亚的劳工政策影响巨大，主要是因为两国政党之间的选票竞争相当激烈。在自民党占主导地位且更加关注企业需求以促进经济增长的日本，公民社会组织的作用则比较有限。

小结

应该清楚的是，不稳定就业代表的是与"二战"后福特主义时期典型的标准雇佣关系这种理想典型模式的背离。我们认为，学术和政策文献中长期存在的二元分法——非正规工作与正规工作、非正式工作与正式工作、自营与受雇——不足以描述当代工作的复杂性。相反，我们选择用不稳定就业的概念来描述个人承担就业风险的情况，无论他们从事的是正规/标准还是非正规/非正式工作。

我们的概念模型假定，不稳定就业源于全球和地区资本主义的动态，以及研究对象国家内政府、企业和劳工之间的相互作用。谁在从事不稳定的工作也很重要，这突出了性别和社会再生产的重要性。不稳定就业的兴起也有助于理解日益严重的不平等和贫困。此外，日本、韩国和印度尼西亚的劳工政治对不稳定就业的兴起所带来的问题做出了各自的回应。

在下一章中，我们将更深入地讨论日本、韩国和印度尼西亚的特征，因为它们与本章提出的概念有关。

第2章
日本、韩国和印度尼西亚

　　本章我们将概述国家、跨国公司、当地企业、工会和公民社会组织之间的政治竞争如何导致了在日本、韩国和印度尼西亚的就业不稳定。我们将讨论这三个国家分别是如何应对，并在某些情况下帮助塑造了全球和区域资本主义生态的。我们希望确立一些关键的主题和问题，围绕它们来组织我们关于不稳定就业与不平等之间的关系的实证材料。通过将第 1 章中提出的概念模型置于大背景下进行讨论，我们简要概述了这些国家直到 20 世纪 90 年代初的经济发展、政治动态和在全球分工中的地位，这些为之后讨论国际和国内结构在不稳定就业出现的过程中所发挥的影响提供了背景。本章还总结了这三个国家的人口构成和产业结构情况。

日本

　　日本自明治维新以来一直在推进工业化进程。然而，其以制造业为基础的经济实力的快速增长，在很大程度上是"二战"后重建的结果，而与朝鲜战争相关的经济繁荣更加重振了其重工业和制造业。日本由此重新登上了由西方主导的世界经济舞台，在当时盛行的是福特主义制造业和国家级工业及福利政策。为了促进快速增长，日本战后的领导推崇政府干预发展主义，即国家在经济发展中发挥重要作用，积极引导和支持市场及国有企业，而不仅是对其进行监管。接受了国家指导经济政策方向的角色之后，政府对其制造商给予了强有力的保护。正如大野指出的那样，"几乎没有来自国外的外国直接投资（FDI），更不用说证券投资了"。在日本重建其工业能力的过程中，这种政府干预政策要求由国家来调动和引导资金，投入重点行业。国家还支持重建通过交叉持股联系在一起的生产各种产品的大型企业集团经连会。

在思考韦伯（Weber）的观点时，约翰逊（Johnson）认为日本是一个采取必要政策措施实现经济快速升级的"发展型国家"。他称日本的工业化与官僚精英的干预有很大关系，尤其是那些通商产业省的精英。在这种情况下，企业在经济协调和雇佣关系中变得非常重要，由此产生的大小公司之间的等级划分有助维持二元劳动力市场。发展主义的经济成果非常惊人，日本经济在战后持续增长，一直到1973年石油危机。"二战"结束后的几年间GDP年增长率平均为7%，在1953—1965年升至 9%，1966—1972 年升至 9.5%。日本在 20 世纪 70 年代初成为世界第二大资本主义经济体。

朝鲜战争让日本制造业实现了跳跃式发展，纺织品、汽车、原材料、金属产品和药品的生产都有所扩大。道尔（Dower）计算得出，美国在朝鲜战争期间的特别采购为日本经济注入了 23 亿美元。此外，军人及其家属的涌入刺激了东京及军事基地周边地区的建设和服务业发展。战争结束后，美国还让日本公司参与了韩国的重建。

"二战"后初期，借助朝鲜战争带来的高速增长，国家和企业通过技术投资和重组生产系统及管理提高了生产力，推动了工业"赶超"。这种政策组合和相关的基础设施投资产生了惊人的增长率。尽管这种赶超战略在很大程度上是内向型的，但日本很快就开始重新融入世界经济。在 20 世纪五六十年代，日本经济主要靠廉价制造业产品出口。国家政策因循渐进、谨慎小心，战略性地开放了贸易，并鼓励大公司冲出日本。

追求这样的发展战略要面对与劳工之间的大量摩擦。在战后不久，劳工运动和工会组织在联合军总指挥部（SCAP）道格拉斯·麦克阿瑟将军（Douglas MacArthur）的领导下经历了巨大的变化。最初，占领时期的盟军驻军权力机关赞成自由的劳工运动。受新政影响的联合军总指挥部劳工部官员于 1945 年起草了一项类似于美国 1935 年《瓦格纳法案》（*Wagner*

Act）的法律。由此产生了 1945 年让工会合法化的《工会法》（*Trade Union Law*），允许工作者在不受政府或雇主干预的情况下组织起来。该法的直接影响是工会成员暴增，工会密度从 1945 年的 3.2% 增加到 1948 年的 55.8%。一些工会组织者是曾被日本军方监禁并被联合军总指挥部释放的共产党人。一年之内，共产党领导的产别会议（Congress of Industrial Unions）成为日本最大的工会联合会。第二大工会联合会日本劳动总同盟（Japan Federation of Labor）由较为温和的社会民主改革派所领导。两个工会组织都在工作场所组织"生产控制"、支持工作者控制工作场所（并仅为满足直接需求而继续生产）以及支持全国性总罢工来提高工作者生活水平和对抗保守派政府，并以此来对抗雇主。

面对激烈而广泛的工会活动，1947 年联合军总指挥部扭转了重组工会的政策。左翼工会的兴起威胁到美国将日本转变为亚洲资本主义社会中自由政治典范的主要目标。与此同时，美国保守政治的兴起和冷战时期反共主义的出现影响了日本的政治和政策变化。重要的是，有组织的劳工成了政治目标，激进的工会领导人和成员尤其容易被盯上，大量裁员也削弱了激进工会在企业的权力。1947 年，联合军总指挥部批准了一项法律，允许企业解雇工作者以"提高效率"。国家和企业利用经修订的《劳动关系调整法》（*Labor Relations Adjustment Law*）

和 1947 年的《工会法》来摧毁公共部门中共产党领导的工会。右翼分子和商业领袖在私营部门和特定企业组织反对左翼工会主义，反对全行业的全国工会。管理层鼓励员工组织新的工会，并很快承认他们是企业层面工人唯一的谈判代表。随着激进的工会领导人被清洗，行业工会让位于企业工会，后者成为工会的主要形式。到 20 世纪 50 年代初，产别会议几乎完全消失了，会员人数从 1948 年超过 130 万的峰值锐减到 1951 年的4.7 万人。

国家为正规工作者提供了基于企业的就业和工资保障，在终身雇佣制和年功序列制的原则下，结束了对蓝领和白领工作者的差别待遇，通过这些途径推动和控制了这种受政府青睐的企业工会模式。这一制度为日本资本主义提供了相当大的活力。虽然这种雇佣体制通常仅限于男性和大公司，因此造成了性别和公司规模的不平等，但这种日本式的就业制度开启了该国的黄金时代，男性的就业相对稳定。这种模式被多尔（Dore）称为福利统合主义，它帮助日本成为全球公认的高效制造中心，并促进了日本向高质量产品生产的转型。

1973 年的石油危机让日本的经济增长步履蹒跚，但很快又有所恢复。到 20 世纪 70 年代，日本的资本主义已成为以亚洲为中心的新兴国际分工和商品链的中心。在冷战时期，日本通过向与其在生产和贸易网络中联系在一起的其他东亚和东南亚国家投资和转让先进技术，在重塑东亚经济方面发挥了主导作用。冷战结束后，随着与韩国、中国和越南等前敌对国家之间的外交关系正常化，亚洲国家之间的经济一体化加速。中国和东南亚因此成为外国直接投资的流入国，日本则是东亚和东南亚地区的主要投资国。

日本面临的下一个挑战是美国在20世纪80年代中期提出的减少对日本贸易逆差的要求。为此，1985年9月22日在纽约广场酒店签署了《广场协议》（*Plaza Accord*），这导致美元对日元和德国马克贬值46%。由于日元升值，为了支撑利润，日本企业开始向其他国家投资，寻找更低成本的生产基地。1985—1989年，日本的外国直接投资增长了450%以上。与此同时，日本的股票和资产价格增加到原来的3倍，造成了一直持续到1991年底的资产泡沫。

当泡沫经济最终破灭时，随之而来的是一段被称为"失落的十年"的经济停滞期。自泡沫破灭以来，经济增长率一直徘徊在零左右。在此期间，公司力争提高日本劳动力市场的灵活性，同时将更多的生产转移到中国和东南亚，经济和雇佣关系机制发生了转变。正如将在第4章所讨论的，长期经济停滞的一个结果是非正规工作者在总就业人数中的比例翻了一番多，从1985年的16.4%增加到2018年的38.2%。

韩国

韩国的资本主义扩张也沿袭了日本的政府干预发展主义模式。韩国在冷战时期形成了发展型国家，这个过程始于朴正熙（Park Chung-hee）总统执政。1960 年，在 4 月学生示威之后，民主政府取代了李承晚（Syngman Rhee）总统的独裁统治，朴正熙于 1961 年通过军事政变上台，推翻了这个短命的政府。朴正熙一直掌权至 1979 年被暗杀。他上台时接管的经济仍未从导致国家分裂的朝鲜战争的破坏中恢复过来。

朴正熙政权启动了国家主导的民族主义快速工业化计划，正如阿姆斯登（Amsden）所强调的那样，在国家工业发展一系列 5 年经济计划的推动下，该计划在相对较短的时间内改变了韩国的经济基础。为了产生工业化所必需的资本，韩国和日本一样，通过一系列做法来引导投资和国内企业，创造了强大的资产阶级，它由国家赋予特权、家族控制的少数大型企业集团主导，这些集团后来被称为财阀。朴正熙政权全心全意地支持美国在该地区的反共行动，包括从 1965 年开始向南越部署作战部队。军队的巨额汇付和韩国承包商因从事越南战争相关业务而获得的利润为财阀的发展提供了重要的资源。

在冷战布局下，美国允许韩国公司根据普遍优惠制（Generalized System of Preferences）下的优惠关税制度向美国市场出口工业制成品。这非常利于财阀和对美国的消费品出口，直到在 1988 年里根政府时期才撤回这一优惠。那时韩国的经济发展规模已经显著扩大。1963—1979 年，韩国的 GDP 年均增长率为 10.54%。在经历了 1980 年军事政变后短暂的低迷后，经济恢复快速增长，1981—1996 年 GDP 年均增长率 9.32%。

作为其工业化政策的一部分，军政府解散了工人组织，限制了集体谈判，并压制了工会。结果之一是 20 世纪 60 年代和 70 年代工会密度仍然很低，为 20%~24%。然而，这个数字可能也高估了工会密度，因为许多工会只不过是代表政府的机构，而不是代表工人利益的独立组织。这个军事统治的国家还利用《国家保安法》（ *National Security Act* ）来镇压工人，逮捕支持劳工的活动人士以及不同政见者。1961 年，朴正熙颁布了《反共法》（ *Anti-Communist Law* ），允许军政府惩罚它眼中的反对者——基本上就是任何批评军政府的人。因此，罢工的劳工活动家和工人会被指控威胁国家安全或为朝鲜谋利，他们可能被国家安全警察逮捕和判刑。

1979 年 10 月 26 日，朴正熙遇刺身亡。当时，由于第二次石油危机，他在经济方面面临重重挑战，经济增长速度急剧下降。经济危机引发了学生对民主的要求。1980 年 5 月，军情局局长全斗焕（Chun Doo-hwan）发动军事政变夺取了政权。尽管经济增长很快恢复，但全斗焕的政权仍继续面临学生的反对，而且越来越多经常要忍受恶劣工作条件的工人也加入了反对的行列。1980 年 5 月出现了转折点，当时政府出动军队镇压光州的示威，造成数百人死亡。全斗焕还成立了临时军政府国家保卫非常对策委员会，清除了很多持不同政见者。这个委员会还摧毁了产业工会，用企业工会取而代之，并扣押了积极的工会领导。

全斗焕政权着手修改劳动关系法，以进一步限制劳工组织，只允许公司（即企业）成立工会，而且每个公司只能有一个工会。1981 年的《劳动关系法》（*Labor Relations Law*）仅允许成立唯一的全国性劳工组织，即韩国工会总联盟（后文简称韩国劳总）。反共的韩国劳总有军政府的财政支持，并垄断了国家一级的合法劳工组织。由于韩国劳总与政权保持一致，再加上对劳工组织实施的其他严厉控制，公司可以继续严酷地剥削工人，让他们每周 7 天每天工作 12 小时。如果工人反抗，公司控制的暴徒团伙会搅散自发性罢工，警察则对劳工领袖和组织者施以恐吓和酷刑。除了打压独立的劳工组织外，军政府还严格控制工厂工人的工资水平，限制每年的增幅。

政府长期由军方支持，劳工受到压制，由此产生的一个重要结果就是财阀地位得到了巩固。在 20 世纪七八十年代，伴随大量的国家支持和国家主导的出口导向型工业化政策，一些规模相对较小的家族企业变成跨国企业集团。国家强制实行的低工资保证了财阀的工业和制成品在国际市场上拥有价格竞争力。

劳工压迫与成功的出口导向型工业化之间的紧密联系一直持续到20世纪80年代后期军政府的政治危机。全斗焕提名卢泰愚（Rho Tae-woo）为执政的民主正义党（Democratic Justice Party）总统候选人后，爆发了大规模抗议活动。这一次的挑战来自大学生、工人和其他公民重新开启的民主斗争，最终在1987年6月导致军政府陷入瘫痪。超过200万要求民主的抗议者参加了在韩国主要城市举行的街头示威。工人抗议活动在全国范围内爆发，成立了2000多个新工会，举行了3500多次罢工，其中许多是在无工会组织的大公司里的自发罢工。大部分受雇于财阀的工厂工人举行了大规模的静坐罢工和街头示威，要求增加工资、承认工会以及要求雇主和国家提高工人待遇。最终，强大的人民力量让卢泰愚不得不屈服，同意就包含扩大公民权利、新闻自由和自由选举等在内的民主转型进行政治谈判。

在这一波罢工和工会的组建过程中，劳工自行组织了公司和地区层面的独立工会，挑战了由国家和资本培育的工作场所专制主义，并表明工人将不再容忍低工资和恶劣的工作条件。这些新组织的工会拒绝加入有国家背景的韩国劳总，他们大多隶属于一个新的独立工会联盟，即1995年正式成立的全国民主工会总联盟（后文简称民主劳总）。由于公司工会有众多遗留问题，民主劳总是在国家层面组织起来的一个全国性的劳工团结组织。民主劳总的成员包括现代汽车公司工会等大型工会，以及许多包括来自公共部门工会的小型工会。当然，一些公司所有人和经理试图破坏或拉拢新成立的工会。

然而，在反独裁时代，工作和劳动已成为主要的社会问题，许多工作场所的管理控制都受到了挑战。事实上，工作场所已成为竞争激烈的政治领域。

印度尼西亚

印度尼西亚的资本主义工业化始于荷兰殖民主义时期，但主要与前总统苏哈托（Suharto）的新秩序政权（1965—1998年）有关。新秩序政权消亡后的改革时期恰逢1997—1998年的亚洲经济危机。改革开启了民主化、权力下放和市场化这些相关联的进程。为了理解自1965年以来与这段时期相关的政治和经济情况，有必要简要回顾一下印度尼西亚资本主义和劳工制度的历史沿革。

1949年殖民主义结束时，印度尼西亚经济以小规模农业为主，尽管商品化和劳资关系已经建立，但资本主义的发展仍然很弱。例如，在这一时期，由荷兰人主导的小规模资产阶级在参与贸易、工业和种植园农业经营，专注于咖啡、糖、茶、香料、石油、橡胶和锡等有价值的商品。这些活动为荷兰带来了可观的贸易顺差。

去殖民化促使经济政策向民族主义转向。前总统苏加诺（Sukarno）的新政府的目标是让印度尼西亚人取代荷兰和中国的企业主和管理层。然而，直到20世纪50年代后期，荷兰的经济利益才被剥夺。随后，在1963—1965年，其他西方拥有的企业被没收。农业在经济中继续占主导地位，本土企业发展疲软，国家开始投资银行、公共事业和贸易，以促进经济增长。

政治动荡和经济停滞使苏加诺的民族主义政策归于失败，1965年军方将他赶了下台。与韩国的军政府一样，由苏哈托领导的新政权的主要目标是促进经济增长。然而，增长最初停滞不前，直到在苏哈托治下政治经济政策出现了转变，这才推动了1967年之后的增长。冷战期间，苏哈托政权与反共主义重新结盟，并得到美国及其盟国的大力支持，它用亲西方的政策取代了苏加诺的民族主义、"中立主义"和与西方的对抗。苏哈托新秩序政权的崛起导致了众多杀戮和创伤，数以百万计的人被杀害或监禁。

与日本和韩国不同，印度尼西亚在冷战期间站在西方一边确实增加了外国投资，促进了经济发展，苏哈托非常重视吸引外国资本，总体来说不考虑东亚的政府干预观念。随着新政府当权，外国投资在新秩序政权时期的头几年飞跃式增长。结果之一就是经济迅速增长，在整个 20 世纪 70 年代平均每年增长 7.7%。然而，必须承认这种增长是不均衡的，得到发展的主要是爪哇地区，而其他依赖农业的地区则相对落后。这种不均衡的发展也反映在部门增长中，农业落后于工业，甚至农业部门内的发展也不均衡，一些地区的商品化和商业化程度不断提高，而其他地区仍依赖自给生产。随着 20 世纪 70 年代国际原油价格的上涨，石油生产和出口的扩大让政府重新开始在一些本土项目上进行支出。然而，这种投资从未接近东亚发展主义之下的投资规模。后来，随着 20 世纪 80 年代初期石油出口放缓，经济政策变得更加自由，出口多样化，重新开始强调吸引外资。

在新秩序政府执政期间，印度尼西亚的经济出现了快速的结构性变化。最引人注目的是，农业部门对经济的贡献度从 1966 年占 GDP 的 55% 下降到 1995 年的 17%。同期工业的贡献度从 10% 上升到近 42%。与此同时，服务业的贡献度从 35% 上升到 41%。随着从进口替代工业化（ISI）向出口导向型工业化（EOI）的转变，国有企业让位于制造业的私人投资，并引发了又一轮外国投资，越来越多的投资来自日本和韩国。《广场协议》签订之后，日本的制造业离岸外包，日本的投资从 1986 年的 2.5 亿美元迅速增加到 1997 年的 25 亿美元。同期，日本也是印度尼西亚最大的贸易伙伴。《广场协议》后韩元升值，从 20 世纪 80 年代后期到 1997 年，韩国在印度尼西亚的投资翻了两番多。

随着离岸制造业的兴起和全球供应链的深化，印度尼西亚的低工资制造业开始扩张。20 世纪 70 年代，制成品从未超过商品出口总额的 3%，但从 1980 年到 1992 年，实际年均增速为 20%~30%，1992 年占商品出口的近一半。制成品出口主要集中在服装、鞋类和电子产品等劳动密集型领域。尽管这种增长是受到了外国需求和投资的刺激，但推动制造业投资的是国内资本家，他们建造了生产出口产品的分包工厂。然而，与日本和韩国不同，印度尼西亚很少有公司发展成具有国际竞争力的强大企业集团。相反，这一时期国家和资本的密切合作导致出现了有政治关联的企业集团，投资经济的各个领域。有点矛盾的是，随着新秩序政权后期政府放松管制，苏哈托及其家人和亲信把持了投资、获得了巨额利润，这些企业集团反而加强了对经济的控制。这种寻租意味着向价值链和技术链上游移动的动力不足。

随着制造业不断扩张，该部门的就业人数也在增加，大约在 20 世纪 60 年代中期到 1990 年翻了一番，在全国达到 266 万人，不过这一增速远低于该部门的出口增长。农村地区的农民没了土地，收入又低，很多人被吸引到城市，进入制造业和服务业，促进了非正式部门就业的增加。与此同时，在世行、亚洲开发银行和几个西方政府的资助下，新秩序政权实施了鼓励国民从人口过剩地区向欠发达地区迁移的政策。以商业性农业为重点，移居对环境产生了相当大的影响，森林被破坏、沼泽被抽干、动物栖息地消失、泥煤和雨林被焚烧……

在新秩序政府执政期间，服务业的有薪就业增长最快。到 20 世纪 90 年代中期，服务业雇用的印度尼西亚人几乎与农业一样多。服务业的工作包括金融、房地产、咨询等领域的中产阶级白领职位，但创造出来的大部分工作机会是工人阶级在交通、食品服务和贸易领域及非正式部门从事的工作。由于大多数服务业工作者在该行业从事的是相对低薪的低端工作，所以该行业的生产率水平也比较低。

与日本和韩国相比，印度尼西亚的工厂在新秩序政权下规模仍然相对较小。从进口替代工业化到出口导向型工业化的转变见证了制造业就业的扩大，但主要集中在低技能和低工资领域。印度尼西亚工作者没有经历过福特主义的黄金时代，印度尼西亚进行（有限的）工业化时，西方的福特主义和标准就业规模开始下降，日本和韩国的就业也在发生变化。除了国有部门的工作者，很少有工作者经历过西方福特主义或日本工业化期间出现的终身就业带来的好处。

在新秩序政权时期的大部分时间里，工作者受到压制，无法组建独立工会，工资低，就业保障有限。最重要的是，新秩序政权试图将工资保持在低水平以支持私营和国有企业雇主。除由国家创建和控制的公务员工会（Korps Pegawai Republik Indonesia，1971 年成立）及国家的官方工会全印尼劳工联合会（Federasi Buruh Seluruh Indonesia，1973 年成立）之外，不得成立任何工会。然而，随着制成品出口对经济越来越重要，在 20 世纪 80 年代和 90 年代，劳工政治和工人运动有所复苏。一个结果是，在工资长期处于异常低水平之后，最低工资大幅增加。

新生的区域主义

我们对冷战时代的讨论指出了日本、韩国和印度尼西亚之间的重要联系。正如戈特弗里德和格拉斯曼（Glassman）所指出的，"二战"后初期和冷战时期美国反共安全机构监视着东亚和东南亚地区，地区主义开始发展。这种安全地区主义的发展伴随着发展中的资本主义地区主义。《广场协议》之后，日本成为该地区的主要投资者。2017 年，日本是东盟国家的最大投资国，之前多年一直如此。另外，此时韩国已跻身该地区投资国前十之列。长期以来制造业吸收了大部分此类投资，通常是受到包括扶持政策在内的国家激励措施的吸引，但近年来服务业吸收的外资占比更大。

虽然不是本书讨论的重点，但工作者的流动迁移在该地区有重要意义。在某些方面，东南亚殖民历史的主要特征就是国际人口流动，尤其是中国人和印度人向该地区的流动。近些年来，随着日本、韩国和印度尼西亚劳动力市场的变化，跨境人口流动也随之发展。流动劳工在整个亚洲形成了连接各地工作和汇款的网络。印度尼西亚工作者为工作而流动迁移始于20世纪70年代，现在有900万印度尼西亚人在海外工作。尽管该地区的大多数流动工作者是女性，但在日本工作的1.5万名印度尼西亚工作者中约有70%是男性，他们在制造业、建筑业、农业和渔业工作。他们主要是通过"培训计划"进入日本，但几乎没有受过什么有用的培训，主要是为雇主提供不受劳动法保护的廉价劳动力。在韩国的印度尼西亚劳工人数约为日本的一半，占该国外国劳动力的6%，主要从事制造业和渔业工作。日本和韩国不鼓励外国工作者定居，这意味着，尽管人口流动符合区域模式，如在印度尼西亚的日本和韩国工厂，印度尼西亚也在本国提供廉价的流动劳动力。

人口和劳动力

表2-1给出了每个国家的人口和劳动力的一些基本信息。印度尼西亚是三个国家中人口最多的。印度尼西亚还拥有最多

的劳动力和最多的非经济活动人口。在所有这些指标上韩国都是三个国家中人数最少的。日本最富有，2021 年的人均 GDP 约是印度尼西亚的 10 倍。

表 2-1 中特别引人注目的是印度尼西亚和韩国较高的青年失业率，以及日本相对较低的青年失业率。日本青年失业率低的部分原因是政府在学校制订的高水平教育和培训计划，让年轻人对未来的工作有了更真实的了解，并在大学和工作场所之间建立了联系，让学生能够获得实习机会和工作经验。尽管如此，日本社会仍不平等，日本的代际不平等在三者之中最为严重。这三个国家的女性劳动力参与率相似，但按照经合组织的标准来说相对较低，约为 53%。相比之下，男性的劳动力参与率更高，尤其是在印度尼西亚（82.2%）。按照中等收入国家和该地区的标准，这一比例似乎很高，更像是低收入经济体的模式。

表 2-1　日本、韩国和印度尼西亚的人口和就业数据，2018 年

指标	日本	韩国	印度尼西亚
总人口（百万）	126.4	51.3	264.2
15 岁及以上人口（百万）	111.0	44.2	198.1
人均 GDP（当前美元汇率）	39159	33423	3894
基尼指数（税前和转移支付前）	0.46	0.35	0.40
经济活动人口（百万）	68	28	122
就业人口（百万）	67	27	115
失业人口（百万）	2.0	1.1	7.6

续表

指标		日本	韩国	印度尼西亚
失业率（%）		2.4	3.8	4.4
青年失业率（%）		3.6	10.3	21.7
就业增长率（%）		2.0	0.4	2.3
劳动参与率（%）		61.5	63.4	67.6
就业人口与总人口比（%）		60	61	65
男性劳动参与率（%）		71.2	73.8	82.2
女性劳动参与率（%）		52.5	53.3	53.2
中位数年龄		47.3	41.8	30.2
出生率（%）	每1000人的出生人数	7.3	8.2	15.4
	每名女性生育新生儿数	1.43	1.29	2.04
预期寿命（出生时）		86	82.6	73.7
教育（完成高等教育的人口占比）（%）	25~64 岁	48	46	8
	25~34 岁	59	68	10

资料来源：经合组织和世行的数据库。

　　一个关键的人口特征是人口年龄。日本以人口老龄化著称，中位数年龄位居世界第二。这反映出日本的预期寿命长，出生率低。印度尼西亚这个国家要年轻得多，中位数年龄刚刚超过 30 岁，这反映出出生率相对较高，预期寿命较短，但即便如此，出生率还是死亡率的两倍多。韩国的情况更接近日本，出生率低，预期寿命相对较高。世行数据库显示，日本 65 岁及以上人口比例从 1979 年的 8.7% 上升到了 2019 年的 28.0%，韩国从 4.1% 上升到 15.1%，印度尼西亚从 3.6% 上升到 6.1%。

与这些人口统计资料相对应的是，日本的结婚率直线下降，单人家庭增加。日本的结婚率从 1970 年的千分之十下降到 1990 年的千分之五点九，2016 年下降到千分之五，这导致出生率远低于人口更替率。单人家庭的比例从 1990 年的 23.1% 上升到 2015 年的 34.6%。在韩国，年轻人的结婚率和生育率也在下降。结婚率从 1993 年的千分之九下降到 2018 年的千分之五，总体生育率现在为全球最低。印度尼西亚的人口更年轻，并在不断增长，结婚率也在上升，与日本和韩国相比，男性和女性的初婚年龄也往往更小。

最后，还有一点值得注意的是，印度尼西亚受过中学及以上教育的人口占比较低。印度尼西亚 25 岁或以上的人完成高中教育的人累计总数占该人群的 34%（女性为 31%），远低于日本的 80%（女性为 79%）和韩国的 76%（女性为 70%）。高等教育数据显示，只有 10% 的印度尼西亚人口接受过高等教育，而在日本和韩国这一比例为 40%~45%，这对劳动力和可用技能水平有相当大的影响。

产业转型

表 2-2 提供了三个国家工业转型的信息，包括第一产业

（农业，即农、林业、矿、渔），第二产业（工业，主要是制造业）和第三产业（服务业）。尽管该表侧重1991—2019年的情况，但此处的讨论也反映了早些年的情况。

日本的就业结构从1960年到1980年发生了根本性的变化，第一产业迅速萎缩，农业对GDP的贡献下降，第二和第三产业增长显著。自20世纪70年代中期以来，曾在1945年后大幅扩张的工业（主要是制造业）规模不断缩小，而服务业规模则大幅扩大。即便如此，日本的第二产业规模在经合组织国家中仍然相对较大。现在第三产业（服务业）就业人数占就业总人口的近四分之三。以2017年为例，从事教育、福利和医疗保健行业的人口占就业总人口的47.5%，反映出人口老龄化对服务需求的增长。服务业的这些领域，连同批发和零售贸易、住宿和娱乐，包括旅游、餐饮、咖啡馆和酒吧，创造了许多非正规就业岗位。

表2-2　1991—2019年日本、韩国和印度尼西亚劳动力的产业构成

年份	农业（%）			工业（%）			服务业（%）		
	日本	韩国	印度尼西亚	日本	韩国	印度尼西亚	日本	韩国	印度尼西亚
1991	6.7	14.6	54.0	34.6	36.8	14.6	58.7	48.6	31.4
1995	6.0	11.8	44.0	31.3	33.0	18.4	62.7	55.2	37.6
2000	5.2	10.7	45.3	29.5	27.8	17.5	65.3	61.5	37.3
2005	4.9	8.0	44.0	26.4	26.6	18.8	68.6	65.4	37.2

续表

年份	农业（%）			工业（%）			服务业（%）		
	日本	韩国	印度尼西亚	日本	韩国	印度尼西亚	日本	韩国	印度尼西亚
2010	4.2	6.6	37.2	25.2	24.4	18.7	70.6	69.0	42.2
2015	4.0	5.1	33.0	25.0	24.5	22.0	71.0	70.6	44.9
2019	3.4	4.9	28.6	24.3	25.1	22.5	72.3	70.0	48.9

资料来源：BPS（2015 年、2020 年）；日本统计局（2018：29）；KLI（2018）；经合组织（2020d：24—26）。

韩国工业和就业结构的变化与日本相似，目前制造业劳动力约占四分之一，服务业劳动力超过 70%。在 21 世纪初，韩国的服务业就业人数几乎赶上了日本，从 1991 年占比约一半扩大到 2010 年的三分之二以上。尽管制造业在韩国的出口经济中仍然发挥着至关重要的作用，但就业模式表明，日韩两国都已向服务经济转型，制造业的作用减弱，金融、消费、休闲和流行文化产业在经济中作用更为重要。

印度尼西亚的就业结构与日本韩国不同。尽管在 2019 年该国的制造业劳动力占比也超过了 20%，但与日本和韩国的显著差距在于，近 30% 的劳动人口仍然在第一产业工作，主要从事农业生产。印度尼西亚从农业向制造业的转变并不像日本和韩国那样具有重要意义。不过有意思的是，印度尼西亚的就业人口经历了明显的向服务业转移的过程。在农业方面，土地征用和商业化十分显著。许多农民通过契约农业、棕榈油种植园、林业等参与资本主义农业。

1997—1998 年的经济危机表明，在印度尼西亚，危机袭来时大量下岗工人的"安全网"是他们与土地、大家庭、农村和农业的联系。经过 20 多年的变革，百万计的印度尼西亚人仍然容易受到危机的影响。大多数现有工作仍然在农业、批发和零售贸易以及社区、社会和个人服务等低生产力部门。世行计算得出，"在 2001—2012 年创造的 2000 万个新工作岗位中，大部分都集中在低生产率、非技能密集型行业"。此外，印度尼西亚保留了大规模的非正式经济领域的产业（见第 4 章）。离开或回归农业以及在正式和非正式经济领域之间流动仍然是其工作生态的一个特点。

小结

本章概述了 20 世纪 90 年代初期这三个国家在全球分工中的经济发展、政治动态和关系。就全球资本主义的发展而言，日本、韩国和印度尼西亚在不同时期和完全不同的背景下实现了工业化。这种差异意味着国家塑造其国内制度和影响全球力量的能力存在差异。日本是三个国家里第一个开启工业化的国家，工业化进程始于 19 世纪末、20 世纪初，并在"二战"后和冷战背景下实现了再工业化。这是一个民族资本主义占主导地位的时代。这意味着日本可以采取能够推动由国家主导的快速工业化的政策，其中一些公司发展成为跨国公司和品牌。由于日本的政治体制，劳动力很快就受到限制，并与公司的命运联系在一起。韩国是第二个工业化的国家，在某种程度上受到全球力量的制约，但在冷战的背景下，它也建立起了强大的制造能力。在军事政权下，劳工受到压迫，无法组织起来。印度尼西亚作为最后一个实现工业化的国家，受到充分和嵌入式全球新自由主义化的制约。印度尼西亚的公司与全球公司联系在一起，更加依赖全球供应链的需求。此外，在军方支持的新秩序政权的 30 年里，印度尼西亚的劳工受到系统性镇压。

我们还提供了有关这些国家人口特征的信息。一个显著的差异是年龄，日本的人口年龄最大，印度尼西亚的人口年龄最小。日本的出生率也最低，印度尼西亚出生率最高。在三个国家中，女性的劳动力参与率都徘徊在 50% 左右。

最后，我们讨论了产业转型。日本和韩国符合后工业经济体的特点，绝大多数（超过 70%）劳动力在服务业就业，约四分之一的劳动力在制造业工作，而农业所占比例相对较小。相比之下，印度尼西亚仍然有很大一部分劳动力从事农业工作，发展了服务经济（几乎占劳动力的一半），但从未真正拥有过大规模的制造业经济。正如我们将在第 4 章讨论的那样，这三个国家的服务业发挥的重要作用促进了非正规就业的兴起。

在下一章中，我们将详细讨论全球资本主义动态与国内政治经济之间的相互作用对劳动力市场和社会福利制度及政策产生了哪些影响，并如何促成了这些国家不稳定工作的兴起。

第3章
全球资本主义、国内政策
和不稳定就业

在本章，我们将描述新自由主义政策和全球资本主义的动态（包括生产和投资的全球化），看它们如何影响了企业、政府和劳动力塑造就业及其工作形式的激励因素。我们会研究日本、韩国和印度尼西亚的就业和工作者在就业过程中的表现，并指出资本的国际流动等全球因素与每个国家的国内政治经济相互作用，影响了不稳定就业的范围和后果。这样，我们就在案例研究中将不稳定就业的差异与国家间和国家内的差异之间建立起了联系。

由西方及西方公司和资本主导的全球生产模式在20世纪50年代开始发生变化。最引人注目的是，日本在快速再工业化之后开始出口制成品。到20世纪60年代后期，日本企业在全球市场上拥有很强的竞争力，海外投资也在增长。到20世纪80年代，韩国的财阀也进入了全球市场。1985年签订《广场协议》之后，日本和韩国的企业集团和欧美的公司一样开始将生产外包。为了寻找生产成本更低（包括低薪劳动力）的地方，企业将生产转移到中国和东南亚，其中包括印度尼西亚，这为印度尼西亚带来了更多的外资，促进了其更紧锣密鼓的工业化。学者将这些全球和区域动态描述为雁行模式（flying geese model），用来描述在东亚国家领导的追赶战略之下亚洲的快速经济增长模式。日本在国家积极的干预主义领导下，大力推进制成品出口并支持企业集团的发展，确实通过追赶西方实现了经济增长。与日本一样，韩国的经济奇迹也在干预主义国家的领导下，通过推行出口导向型发展战略并支持企业集团扩张而实现。在日本和韩国，国家保护国内市场，战略性地限制外国投资，并鼓励向国际市场出口商品。与 20 世纪七八十年代的日本一样，韩国公司从 20 世纪 90 年代开始扩大海外投资。

1965—1966 年，在新秩序政府依仗暴力夺取政权后，印度尼西亚的经济转型力度不断加大。在军方支持的政权治理下，外资开始流入，特别是流入了资源型产业。制造业规模仍然很小，并受到保护，印度尼西亚的制成品出口直到 20 世纪 80 年代才显著扩大。1980 年和 1992 年收集的数据表明，这种扩张是由外资推动的，其中大约三分之二的外资投向了制造业，这种模式得到了具有政治联系的国内企业集团的支持。在新秩序政府执政期间，出口和私营成为增长的引擎。印度尼西亚的工业化模式并没有催生像日本和韩国那样成长为全球品牌的出口导向型企业。最初，新秩序政权下的国家并没有积极推动制成品出口发展，但仍继续保护国内企业（其中几个发展为企业集团），让它们在国内保持赢利。重要的是，印度尼西亚有限的工业化的基础是低工资和不稳定就业。与日本和韩国相比，低生产率服务业有所扩大，而农业部门继续雇用着百万计的印度尼西亚人。

在下一节，我们将讨论新自由主义和全球资本主义的特征。我们会考察日本、韩国和印度尼西亚的资本主义发展态势，并提出全球化的资本与地方和国家的政治以及文化环境相互作用，产生了资本和劳动力之间的权力差异，改变了劳动力市场和就业形式。由于这三个国家各自拥有独特的政治、社会、法律和福利保障，因此各国在应对这些全球资本主义动态的方式上也存在差异。

新自由主义化与全球资本主义的发展态势

20 世纪下半叶的不稳定就业是新自由主义全球化的结果。尽管在西方出现的新自由主义可以追溯到 20 世纪 20 年代，但到了 20 世纪 70 年代政策才开始反映出新自由主义的观点，这与英国和美国保守派政党领导的资产阶级政治计划相吻合。新自由主义还有其他标签，包括市场原教旨主义和华盛顿共识

（Washington Consensus），这些已成为描述 20 世纪后期国家和企业时代精神的流行语。

新自由主义意识形态和政策由几种不同且相互矛盾的思想组成，但其核心原则是可以明确的。新自由主义是经济、社会和相关政治政策的集合，在实践中，这些政策与市场、财政自律、贸易、投资和金融自由化、放松管制和再管制、权力下放、私有化以及减弱但更集中的国家角色相关。这些要素形成了意识形态的核心，并被混合搭配，作为应对特定情况的政策指南。在实践中，这些政策的结果是社会福利被削减、劳资关系分散、工会被削弱，以及财政自律优先于社会政策。这些政策被认为是深化贸易、金融、生产和投资全球化所必需的。资本主义发展曾被锁定在一定地域空间里，流动性和赢利能力受限，与新自由主义全球化相关的政策将其解放了出来，造就了新的经济地理格局。

跨国公司和生产网络的全球扩张创造了全球市场，侵蚀了生产和消费的国界，削弱了国家主权。由于跨国公司直接影响了国民经济，各国以不同方式放弃了对国民经济的部分控制，从而限制了可用于管理经济的常规政策措施。与此同时，许多民族国家经历了再监管过程，调整并采纳了新自由主义政策的理念，以吸引和维持外资。在新型冠状病毒肺炎疫情期间，各国已经能够重新掌控国家控制的某些方面，但其长期政策结果仍不确定。即使在全球影响力增加的情况下，民族国家在塑造工作者就业、影响其收入方面仍然发挥着重要作用。正如张大业所表明的那样，与全球生产和市场相关的跨国劳工制度影响重大，破坏了旧有的就业形式，并影响着新就业岗位的增长。

自 20 世纪 70 年代以来，新自由主义政策的实施产生了重大的经济、政治和社会变革。一些政策迫使工业化国家的政府和公司取消了标准雇佣关系，并限制了标准雇佣关系在发展中国家的出现。随着资本家、政策制定者和政策游说者在各地推广新自由主义，它在 20 世纪 90 年代初期成为一个全球政治和经济方案。

伴随全球资本主义扩张的是全球范围内的生产集约化，其驱动力是对利润和（财富）积累的竞争性追逐。这种集约化反过来需要资本、技术、知识和物流的应用，以强化产品、资本和劳动力市场的国际竞争。这些结构性驱动因素迫使国家、企业和劳工做出反应，提高产品、公司、市场和国民经济的竞争力和赢利能力。生产和交换的全球化导致必须降低生产成本，尤其是劳动力的总成本，同时它又反过来受到降低成本的驱动。因此，对劳动力的控制和劳资关系的特征（例如，工会化程度、集体谈判环境和政府对工作场所的监管）是影响全球投资决策的重要方面。

新自由主义者摒弃了工业资本主义或福特主义发展到鼎盛时期被发达国家采用的凯恩斯主义。许多新自由主义的当代支持者认为，和其他形式的自由主义一样，市场在经济交易中确保效率，自我调节的市场能保证经济资源的最佳分配，因为自利的个人会参与多种自愿交易，最终为参与交易的相关个人带来最大利益。在政策方面，这种意识形态观点要求削弱国家的经济角色，转变其监管角色，并将社会福利权利转变为个人化的社会安全网。要求改变国家角色的新自由主义方案还涉及要求减少资助了福利制度的税收。

新自由主义与以前各种形式的经济自由主义的不同之处在于它的全球野心［正如布伦纳（Brenner）等人所说的"全球项目"］，以及它对市场化国家的监管角色的要求。新自由主义主张国家在经济中所发挥的作用应更为有限，其论点是国家应通过货币和财政政策发挥促进市场的作用。新自由主义者还将市场效率的概念推及社会和政治组织。结果是形成一个可以控制经济、社会和政治的国家。新自由主义政策制定者认为，正是因为经济和社会的市场化会导致分裂、无组织和政治上的挑战，国家对社会的规范和约束才是必要的。因此，他们认为需要国家来克服对集体主义和社会民主主义残留的承诺，通过政治活动促进生产力的提高，并保持和扩大资本对劳动力的支配地位。从本质上讲，新自由主义意识形态及政策认为国家必须通过市场化和维护社会秩序来服务于资本的利益。事实上，正如贾亚苏里亚（Jayasuriya）所指出的，管理冲突的必要性意味着新自由主义者明白不能让市场力量来控制国家。新自由主义的全球经济计划与金融的广泛自由化和流动性相关。监管和金融化是更广泛过程的组成部分，这个更广泛的过程是贸易、金融、生产和投资中资本国际化的深化。

几乎所有发达国家劳工运动的衰退都促进了新自由主义意识形态和政策的崛起，而后者反过来又加剧了劳工运动的衰退。事实上，削弱劳工的力量，增强资本的力量一直是那些推动新自由主义政策的人的主要目标之一。雇主要求更大的灵活性，就是让雇主有更大的雇用和解雇员工的能力，站在更宏观的角度来看就是要求在对劳动过程进行控制时，能够在很大程度上不受先前所确立的准则、工作规范和法规的限制，这是企业——特别是西方国家的企业——对工会和劳工之前在为工作者争取更大制度保障方面所取得的成就做出的政治反应。强调企业层面谈判的新自由主义政策和集体谈判规则的变化进一步改变了权力平衡，更为有利于雇主。在许多国家，促进就业灵活性的新自由主义政策导致工会失去了成员以及政治和政策方面的影响力。

在审视全球不稳定就业形式的兴起时，我们不能忽视资本的结构性力量的增强。结构性力量是指"企业和金融在不对政府直接施压的情况下影响政策的能力"。由于自由化在各地都在深化，贸易和投资的开放增强了资本的流动性和退出选择，这迫使国家和劳工对资本的需求做出更积极的反应。然而，新自由主义化因不同阶层之间的相互斗争和力量平衡的变化，而不断受到挑战和质疑。正如我们将在日本、韩国和印度尼西亚三国案例中所展示的那样，工会和社会运动对全球化和新自由主义政策议程的各个方面通常都持反对态度。

自20世纪80年代以来，东亚的工业化和快速增长越来越依赖于服务全球供应链的制造业。然而，在日本和韩国的工业化国家模式下，最初是由国家指导和支持国有企业，他们并未接受新自由主义意识形态和政策。日本和韩国工业化的特点是由国家制定产业政策和规划，选择和支持某些经济领域。重要的是，东亚发展型国家的政治合法性依赖于它们在促进经济扩张，特别是在保持高增长率方面的成功。因此，20世纪90年代和21世纪初的经济危机削弱了发展型国家的合法性，加速了该地区对新自由主义政策的采纳。如前所述，虽然东南亚国家在构建资本主义发展的过程中也发挥了关键作用，但它们发挥的作用与日本和韩国不同。根据乔莫（Jomo）的说法，在东南亚的工业化和经济发展过程中，国家有干预，但干预程度比东亚要弱，其特点是广泛的寻租和与之相关的扶植，它限制了像东亚那样在制造业挑选成功企业的能力。然而，日本、韩国和印度尼西亚的经济危机标志着政策转向新自由主义的方向。

日本经历了数十年的快速增长，在 20 世纪 90 年代初资产价格泡沫破裂之后，更加坚定地转向了新自由主义政策，这导致经济长期停滞，在此期间，历届政府都采取了旨在促进经济增长的政策改革。自由化扩展到了包括就业政策和国有企业私有化在内的几个领域，在 1997—1998 年和 2008—2009 年的金融危机和经济危机之后，经济遭受了更大的打击，为更大规模的政策新自由化提供了额外的刺激。

在韩国和印度尼西亚推行新自由主义政策的一个重要时间节点是 1997—1998 年的亚洲金融危机。整个韩国经济低迷不振，投资者逃往更安全的避风港，企业倒闭，韩元暴跌。国际货币基金组织的判断是，韩国国家主导的资本主义已经失败，并将提供救助资金与广泛的新自由主义经济改革挂钩，这些改革包括增加劳动力市场的灵活性、放松管制、国有企业私有化，以及针对家族企业控制的财阀的治理改革。

在印度尼西亚，1997—1998 年的危机尤其严重，国际机构也将责任归咎于当地任人唯亲的商业实践。结果印度尼西亚也开始了政治和经济的双重转型。首先，由于失业率高，大部分经济部门崩溃，应国际货币基金组织、世行和双边捐助国的要求，新自由主义政策迅速被采纳。其次，与韩国一样，经济危机创造了政治体制过渡的条件。执政 30 年后，由军方支持的新秩序政权被推翻,由此产生的权力下放过程刚好与促进市场化和自由化的政策重叠。

1997—1998年的亚洲金融危机对整个地区的经济产生了不同影响。如图3-1所示,在这三个国家中,印度尼西亚的经济增长下滑幅度最大。相比之下,自20世纪70年代以来,日本一直很容易受到经济衰退的影响,从1997年就已经陷入衰退。日本受2008年全球经济危机的影响最大。2011年3月11日,日本本州岛东北海岸的东北大地震引发海啸,导致福岛核电站发生重大核事故,日本经济再次下滑。

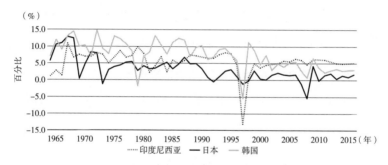

图3-1 日本、韩国和印度尼西亚的经济增长率,1960—2017年

资料来源:世行和经合组织。

如前所述,20世纪90年代初期,全球生产网络(GPN)迅速崛起,将资本吸引到东亚和东南亚,日本和韩国公司在几个东南亚国家部署分包。这些全球生产网络结合了廉价劳动力和灵活的劳动力实践,一些分析师强调这些在本质上都是强制

性的做法。这些生产网络要求供应商公司为争取投资而相互竞争，工作者不得不在监管较少的劳动力市场竞争就业机会。国家也开始参与促进这种竞争，通过努力宣传其提供竞争性投资环境的能力来吸引自由资本，按照世行的说法就是"经商便利度"，它包括国家在管理商业、放松管制以及对雇用和解雇工作者的有限监管方面的效率。这种国家宣传总是宣称本国具有纪律严明的廉价或技术工作者、放松的管制、低税收制度以及原材料、零部件和市场的准入。此类措施非常广泛，现在已经被视为必不可少，甚至是"自然而然"的政策。

各个国家也都在劳动力市场的监管创新方面展开竞争。事实上，劳动力市场政策的灵活性和商业友好性经常被作为衡量指标，这在世界经济论坛的竞争指数中榜上有名。在国内劳动力市场，集体谈判被视为是扭曲市场的行为，因此各国都试图对其加以限制。法定劳工福利、劳动保障制度和国家劳动法被认为是僵化制度和成本，需要遏制或消除——通常以创造就业为名。重要的是，雇主还采用企业和行业层面的做法来限制工会活动并减少集体谈判。这些措施包括由国家支持的压迫，针对工会、劳工领袖和工作者的法律诉讼，建立实际上是管理层利益工具的公司工会，以及贿赂工会和州政府官员。结果往往是建立起了"灵活化的制度"，包括放松监管和再监管，并涵盖了生产和雇佣关系的方方面面，不像促进具有竞争性、高生产力、有序和灵活的劳动力市场的新形式再监管和制度安排那样，对国家放松监管有那么多的要求。

在此过程中，国家和资本都实施了需要将工作彻底商品化的措施，这导致了不稳定就业的发展。从 20 世纪 90 年代中期到 21 世纪头 10 年的后期，这里所描述的过程在高度全球化的时代一直在加速推进。

超全球化、生产和投资

在加速全球化（或超全球化，20 世纪 90 年代中期引入的术语）的背景下，新自由主义政策的实施提供了一个框架，让资本主义生产得以摆脱内嵌的自由主义和标准工作时期的空间局限。我们所说的超全球化是指全球经济、文化和政治互连规模的急剧加速。新自由主义政策创新是对自由贸易需求的回应。这意味着全球贸易协定会影响和限制国内经济和社会政策。在超全球化发展的背景下，投资迅速扩大，生产进一步全球化，企业不断寻找可以降低成本并因此获得更高利润的地方组织生产。国家被迫在全球生产网络中降低成本，提高竞争力，尤其是通过降低劳动力价格的方式。

超全球化与一系列发展相关，包括冷战结束、信息技术革命以及欧盟和其他自由贸易区等区域贸易区的形成。中国自

1978 年开始融入全球市场，成为世界工厂，重塑了全球分工。超全球化进一步放松了国内和全球市场上市场交易的管制，加速了商品、资本、劳动力和技术的跨境流动。新市场的开放以及数字化和通信的进步意味着跨境资本流动的速度也加快了，它削弱了民族国家市场监管的能力。资本越来越自由和迅速地跨境流动的全球经济已经形成，它改变了冷战时期以来的旧世界体系，即使这一趋势因新型冠状病毒肺炎疫情而有所放缓。

超全球化预示着全球竞争将更加深入，企业进一步降低成本的压力加倍。这似乎引发了更激烈的资本竞逐，在全球范围内寻找更低成本的劳动力和更便宜的生产地点。因此，全球品牌通常将其生产外包到多个地方，这意味着跨境交易的各种产品通常是组装成品的零配件。

随着新自由主义政策和超全球化的发展，全球跨境资本流动大幅增长，从 1995 年的 1.4 万亿美元增长到 2007 年的 12.4 万亿美元。全球金融危机之后的 2008 年至 2016 年，跨境资本流动的增长率降至年均 7.1 万亿美元。增长造成的一个结果是（估计）总外债存量从 1995 年的 15 万亿美元增加到了 2016 年的 132 万亿美元。根据联合国贸易与发展会议（UNCTAD）的数据，年外国直接投资流入增长了 50% 以上，从 2005 年的略低于 9160 亿美元增加到 2017 年的 1.43 万亿美元。在亚洲，2005 年流入的外国直接投资略低于 2000 亿美元，到 2017 年增至 4760 亿美元，增长了 70% 以上。全球商品贸易从 2005 年的 10.5 万亿美元增加到 2017 年的 17.7 万亿美元，商业服务贸易从 2005 年的 1.3 万亿美元增加到 2017 年的 5.3 万亿美元。换言之，尽管全球贸易、投资和生产因 2007—2008 年全球经济危机和新型冠状病毒肺炎疫情而放缓和收缩，但自 21 世纪初以来已有大幅扩张。

全球价值链现在以多种方式跨越国境，连接世界，并重塑了企业、国家和劳工之间的关系，反映出了以上所述的发展。尽管这意味着全球资本流动和生产越来越去领土化，国家和劳工却表现出更大的"黏性"。正如国际劳工组织解释的那样：

近年全球化趋势的特点是跨境商品、服务和资本市场一体化程度更高，而它们对人员和劳动力跨境流动的影响仍然受到更大的限制，受到维护国家主权原则的移民法和政策的约束。

简而言之，由于各国不得不为外国直接投资创造最佳条件，全球化资本需要政府和劳工提供各种灵活性，确保其政策、法律和投资环境能为投资者提供多重激励。

　　工作者找工作一直要靠竞争。如前所述，在新自由主义世界中，劳工团结一心集体行动被视为是限制了资本的发展。事实上，在亚洲的后发国家，资本控制并凌驾于劳动力之上的需求得到了长期以来旨在压制、削弱或严格限制劳动力集体能力的国家干预的帮助。然而，作为工作者集体的一分子，劳动力被嵌入市场，和国家及企业一起去争夺在全球范围内寻找利润且流动性越来越大的资本所带来的投资。由于受到资本和国家的压制，工作者集体受到管束和控制，越来越无组织。事实上，劳动力的去组织化是增加地区竞争力的一个特征。企业利用有限且执行不力的劳动法，充分借助国家的强制权力来限制劳动力的组织能力。在亚洲一些国家和地区，就业政策还在非正式经济领域维持了大量的劳动力后备军，这有助于控制在正式经济领域就业的工作者。非正式经济领域的工作者被视为对正式经济领域的员工构成了威胁，前者让后者感到自己的就业没保障，很容易被替代。企业采用进一步限制集体组织的企业级和基于行业的雇用实践，加剧了劳工的困境。这些实践形式多样，包括直接胁迫、对基层工作者和工会领导人的人身攻击，以及通过建立竞争性公司工会、为公司管理提供有效工具的形式来破坏工会。与此同时，灵活化生产会用到包出制、内部合同工、竞争性工作团队和流动工。灵活化生产的这些要素实际上相当于将市场模型应用于人力资源管理。正如乌尔哈克

（ul Haque）所说，这样的结果是"弱化了劳动力，强化了资本"。事实上，这种对劳工集体能力的破坏和削弱一直是新自由主义政策的主要目标之一。

权力的天平越来越向资本倾斜，因此产生了更广泛的影响。格里菲斯·科恩（Griffith Cohen）框架令人印象深刻，根据他的框架，这种权力的不平衡与资本对日益灵活的就业安排的需求和国家遏制劳动力的切身利益相结合，催生了"吸血鬼资本主义"，这种观点声称市场必然是经济和社会生活的自然调节者，这种观念会通过对人力和自然资源的剥削，以及通过减少福利、不平等、失业、低水平和停滞上涨的工资来耗尽工作者的生命。对那些从这个制度中受益的人来说，以提高灵活性为名义消除由集体谈判和工作者保障所产生的劳动力市场限制性规定，将加强资本对劳动力的控制，并提高赢利能力。

正如一些分析人士所表明的那样，减少工作和生活的不稳定性是自资本主义经济开始出现有偿就业以来就存在的目标。有组织的劳动力长期以来一直在努力减少就业的不确定性和风险，确保改善工作条件。工作者面临的不确定性再次出现，且来势汹汹，证明了资本相对劳动力的力量有所增强。这反映出一个事实，即超全球化时代至少在四个重要方面不同于以前的资本主义全球化时代。第一，全球范围内生产的空间重组让货物和资本跨境流动相对容易，让雇主摆脱了以前的时空限制，可以更轻松地选择和更换业务运营地点，以寻求成本节约和更高的利润。此外，信息和通信技术的进步让资本家能够对那些缺乏强有力的组织在空间上较为分散的劳工施加更大的控制。第二，随着服务贸易的兴起，超全球化也与贸易的"蜕物质化"相关联。这种全球转型反映在国家劳动力越来越多地受到贸易和国内服务业就业的支配上。第三，虽然裁员或非自愿解除合同的情况一直存在，并随着商业周期而波动，但在雇主通过降低劳动力成本并削弱工作者集体权力以增加短期利润的重组战略中，这已成为更为重要的组成部分。第四，虽然不稳定就业以前诞生于二元劳动力市场，不稳定和不确定的工作主要集中在二级劳动力市场，但超全球化和新自由主义政策意味着不稳定就业现在更为普遍和广义。即使是在标准工作条件下长期为雇主全职工作的工作者也会发现他们的就业越来越不稳定，并缺乏保障。

2021 年中，中美贸易摩擦和新型冠状病毒肺炎疫情对超全球化的影响仍不明朗。这些政治和公共卫生事件导致全球活动放缓，一些人认为超全球化时代可能已经结束，其他人则认为，这些事件预示着全球化的进一步重构。

全球即本地：日本、韩国和印度尼西亚的国内政策

就超全球化的发展及其影响而言，每个案例国家的情况都说明了新自由主义的政策转向如何导致了不稳定就业和不稳定生活的加剧。这种共同趋势和各国不同的反应受到不同历史、政治、经济发展水平、人口结构、性别关系和其他社会文化因素的影响。这些共同的模式和重要的差别在这三个国家的雇佣关系和其他工作制度中非常明显。三个国家对超全球化和不稳定就业加剧的政策反应在形式和内容上也各不相同，这取决于案例研究中国家、资本、劳动力和公民社会之间的相互作用。

日本

普遍认为 20 世纪 70 年代日本的经济很成功，日本企业能够成功地与西方企业竞争。然而到了 20 世纪 90 年代，经济停滞不前。1985 年的《广场协议》试图通过让日本调整日元兑美元汇率来减少美国的经常账户赤字。日元走强对日本出口导向型经济造成衰退性影响，导致日本央行采取了扩张性货币政策，使 20 世纪 80 年代后期出现投机和资产价格泡沫，股票和城市土地价格在 1985—1989 年上涨到原来的 3 倍。

　　由于汇率变化，20世纪90年代日本开始经历长期的经济停滞，企业失去了竞争力。它们有两种回应方式。首先，公司开始将劳动密集型制造业转移到海外低工资国家，先是东南亚，后来是中国。1985年，日本海外关联公司的制造产量仅占日本制造业总产量的3%，到1998年，这一比例增加到了13.1%，2015年达到峰值25.3%。日本很快成为世界上最大的外国直接投资来源国，日本前首相中曾根康弘称日元走强表明日本在国际体系中的地位不断提高。这种生产转移影响了国内劳动力市场，因为制造业对GDP的贡献下降，制造业工人的就业也随之下降。日本去工业化的必然结果是促进了东南亚国家和中国的工业化。到2011年，超过60%的日本海外关联公司设在亚洲，其中30.5%在东南亚。据报道，2017年日本公司的产品占印度尼西亚总出口的18.3%，在印度尼西亚的1500家日本公司雇用了470万名工作者。

　　其次，日本企业开始改变在国内的终身雇佣制。劳动力密集型公司的转移减少了在日本的雇用人数和所需的长期财务投入，降低了终身雇佣的高成本。我们还将看到，公司还增加了非正规员工的雇用人数，从20世纪80年代到21世纪头10年，非正规员工的比例不断增加。在20世纪90年代和21世纪初，政府的放松管制委员会（没有劳工代表）响应雇主和经济学家要求提高劳动力市场灵活性的呼吁，放松了对就业体制的管制。尽管民主党在21世纪头十年的后期试图限制非正规就业规模的扩大，但这并没有持续多久，因为长期占据主导地位的自民党在2012年重新上台，并延续了灵活化就业的趋势。因此，去工业化、产业空心化和非正规就业的兴起成为20世纪末和21世纪初日本经济发展的主导趋势。

韩国

韩国的政府干预受到政治民主化和深入全球化的挑战。1987年，民众的政治运动结束了军队支持的威权主义。十年后，政府开始改变其在市场中的角色，这改变了国家与企业之间长期稳定的关系。韩国在1996年加入经合组织，进一步加强了这一进程。1997年12月亚洲金融危机波及韩国时，该国很容易就受到新自由主义政策推进的影响。这场经济危机对韩国的打击尤为严重，因为财阀通过国际借款来扩大生产能力，而这些贷款由国家通过固定汇率进行隐性担保。危机袭来时，韩元大幅贬值，财阀处境危险，银行（其中许多由国家控制）只剩下大量的不良贷款。由军队主导的国家长期以来一直支持财阀，形成了财阀太大不能倒的观点。而且由于国家控制的银行和来自这些银行的债务融资对企业的发展非常重要，政治精英和商界领袖之间的勾结是企业成功的一个关键特征，至少在危机之前是这样的。然而，随着危机的爆发以及经合组织成员国的身份和国际货币基金组织的救助计划，政府面临的形势十分严峻。许多财阀经历了严重的金融低迷。随着国际银行撤出投资并要求财阀偿还贷款，美元短缺席卷韩国。一半以上的企业集团破产，国家无法一一救助。国际货币基金组织的救助附带了严格条件，相当于要求韩国进行相当激进的新自由主义改革，包括金融市场自由化、国企私有化和对劳动力市场解除管制。

危机期间出现了大规模裁员，失业率从 1997 年 11 月的 2.7% 上升到 1999 年 2 月的 8.8%，在 2001 年 9 月又回落到 3.1%，大规模失业有所减少，但这是通过非正规就业的快速扩张来实现的。非正规就业的比例从 2002 年的约 27% 增加到 2004 年的 37%。在危机最严重的时候，非正规就业的增长源于 1998 年 1 月由劳工、资本和政府代表组成的劳使政委员会。

随着在国际货币基金组织的严苛条件限制下广泛自由化的推进，对内和对外直接投资急剧增加。对外直接投资因危机而暂时停滞，但在外国直接投资的自由化、贸易管制的放松，以及促进资本流动的并购的共同作用下，韩国对外直接投资于 1999 年再次开始增长。受劳动力成本降低的吸引，韩国企业开始将生产转移到中国和东南亚。尽管韩元贬值拖累了投资，但对美国和欧洲的直接投资也被认为是为了消除贸易壁垒所必需的手段。在其他拥有丰富廉价劳动力的国家的资本流动和新投资可以消除关税壁垒和降低生产成本。在 21 世纪初，韩国对外直接投资激增，投资者主要是那些在危机中幸存下来的财阀。对外直接投资总额从 2003 年的 41.2 亿美元增加到 2007 年的 231.3 亿美元，并在 2019 年上升到 6184.7 亿美元。在此期间，年度对外直接投资经常会超过对内直接投资，其在信息技术、汽车工业和自然资源领域的投资巨大。超过一半的对外直接投资流向了中国和东南亚。最大的流入国是中国，其次是越南和印度尼西亚。因此，离岸生产在韩国总出口中所占的比例从 1995 年的略高于 27% 增加到 2008 年的 48%。

尽管韩国经历了全面的工业化（之后的章节中将详述），其经济中仍然有大量的自营职业工作者，特别是在服务业和农业部门。2018 年，这些工作者占劳动力的四分之一以上。他们通常是找不到工作又没有足够的储蓄或生产性资产的退休人员，他们在不稳定就业人口中占很大比例，在缺乏经济保障和确定性方面，他们的经济状况与非正规工作者相似。

印度尼西亚

与韩国一样，印度尼西亚推动新自由主义政策的经济转折点也是 1997—1998 年的金融危机。1998 年印度尼西亚经济收缩了 13.1%，印尼盾对美元的汇率从 2600 跌至 1.5 万左右，通货膨胀率达到 72%，以美元计价的股市下跌约 85%，工资水平也急剧下降。根据世行每天 1.90 美元的贫困线，贫困人口比例从 1996 年的近 44% 增加到 1998 年的 63% 以上，数百万人失去工作，造成了可怕的社会影响。非正式经济领域充斥着大量失业者，生活艰难。就业人数下降幅度最大的是服务业，该行业的就业本就十分不稳定。农业经历了重大变化，商业化程度提高，许多地区土地所有权集中了起来，尽管如此，失去工作并保留了农村联系的城市工人还是回到了农村继续务农。面对资本外逃和经济崩溃，苦苦挣扎的苏哈托政府百般不情愿地被迫向货币基金组织寻求救助。

经济危机还导致了政治动荡。由于国内民族主义情绪高涨，新秩序政权拒绝了国际货币基金组织提出的有关放松外国直接投资管制以及市场自由化的要求，这导致经济衰退不断加剧，该政权随之垮台。经济下滑被归咎于任人唯亲的新秩序政权，而国际货币基金组织的改革议程被指责加剧了危机的负面影响。国际货币基金组织的要求和财政紧缩措施被一些人认定为新殖民主义，在政客和官僚机构以及街头抗议中广泛引发了反对国际货币基金组织的浪潮。到 1998 年 5 月中旬，全印度尼西亚各城市都爆发了示威游行，学生占领了议会大楼，苏哈托被迫辞职。

威权主义三十年之后的改革时代的特点是改革的两个关键要素：民主化和权力下放。尽管遭到反对并缺乏信任，国际货币基金组织在其他国际金融机构和双边伙伴的支持下，通过金融救助在推动民主化和权力下放两方面都发挥了重要作用。这些国际机构要求加强经济自由化，向决策者施压，让他们更充分地拥抱市场。

然而，这种自由化从经济领域扩展到了社会和政治领域，并对包括工作者在内的许多人产生了重要影响。

从1997年到2003年，印度尼西亚一直处于国际货币基金组织的监督之下，在此期间发生了重大的制度变革，包括改革宪法、权力下放以加强地方政府的影响力、通过了确保央行独立性的相关新法、减少国家规划和从法律上对国家预算赤字加以限制。由民选政府维持的新自由主义政策议程还包括深化贸易、金融、生产和投资的国际化。外国投资有所增加，2014年流入印度尼西亚的外国直接投资净流量比2003年增加了250多亿美元。在国际上，超全球化推动了外国直接投资的增长。在国内，政府提出了重点改善印度尼西亚商业友好环境的激励措施和刺激方案，包括维护法律和秩序、保障商业环境稳定性、对出口商减税、降低劳动密集型行业的能源关税、对经济特区的投资提供税收优惠，以及降低房产税。这些外国直接投资大部分集中在矿业、机械和电子、电力、天然气和供水以及化学和制药行业。

随着印度尼西亚的政策与全球新自由化趋势渐趋一致，

该国与全球生产网络的合作更加深入，并且在生产和就业关系的各个方面推行了灵活机制。后苏哈托政府颁布了新的法规和制度安排，促进了具有竞争性、生产力和灵活性的劳动力市场的发展。尽管工会和集体谈判已合法化，但监管和制度上的变化更符合企业需求，并限制了工会保护工作者的能力。最初，工作者纷纷加入工会，但成员人数很快就下降了。无论如何，工会主要服务在正式部门工作的少数群体。即使在正式部门，集体谈判也仍然有限，尽管最低工资有所提高，但大多数工作者并没有从中受益。经济危机后，工作者从农业转向工业和服务业的趋势有所反弹，但在这些经济领域的工作仍不稳定，很少有工作者签订任何形式的书面合同。大多数印度尼西亚工作者是自营职业工作者、自有账户工作者、临时工和无薪工作者。这些类别的工作者在农业、建筑、运输、服务以及零售和批发贸易中占主导。

小结

本章我们研究了亚洲资本主义的动态如何在日本、韩国和印度尼西亚三国不同的制度和文化特征中发挥了作用，并导致这些国家不稳定和非正规就业形式的兴起，以及对社会保障的侵蚀。

超全球化和相关的新自由主义化在发达国家和发展中国家都促进了雇佣关系和就业形式的重大变化。由于 20 世纪 90 年代以来的长期衰退，日本经历了就业关系的转变。为应对经济衰退和全球竞争的加剧，日本政府出台了增强国内劳动力市场灵活性的政策。韩国和印度尼西亚在 1997—1998 年经历了经济危机和政治变革。在国际金融机构的压力下，这三个国家的新当选政府都推行了新自由主义经济政策，包括放松市场管制、私有化、增加劳动力市场的灵活性和开放金融市场。

随着新自由主义政策、生产转移和资本流动这些全球趋势的发展，不稳定就业在大多数经济体中变得更加重要。然而，不稳定就业的形式和性质因国家在全球经济体系中的地位、工业化水平、劳动力市场和监管环境的性质，以及劳动力、资本和国家之间的历史关系而异。这些力量共同决定了不稳定就业的规模和相应的差异，就连对不稳定就业的感知和定义方式也遵循了这些变化。例如，在韩国和日本，不稳定就业主要由工作时间、雇佣合同期限和在正式营利性组织中的工作关系来定义。而在印度尼西亚，不稳定就业更多是由一个人在正式营利性组织还是非正式营利性组织中工作来定义。

随着国际金融机构、外国投资者和国内企业要求放松对劳动力市场的管制和再管制，各种类型的非正规就业有所增加，加剧了不平等，拉高了贫困率。在东北亚，国家的影响力仍然相对强大，由它们领导的新自由主义改革彻底改变了劳动力市场，产生了新的非正规就业形式，并创造出有工作的穷人。在通过大量外国投资实现工业化的东南亚，政策影响改变了由专制法规主导的劳资关系——以软弱的工会和大量工作者在非正式经济领域和农业领域工作而著称。在这些经济领域，在新自由主义政策创新的影响下，新形式的非正规就业也在扩大。

在这三个国家里，非正规就业形式都有所扩大，而这些就业形式的经济回报和社会保障水平一般都较低。社会保障与标准和非正规就业形式之间的联系，是不稳定就业所造成的问题的核心。然而，即使是标准的就业形式，也可能因法律和社会保障的减少而萎缩，也可能是不稳定的。在接下来的两章中，我们将记述日本、韩国和印度尼西亚不稳定就业的兴起和后果。

第4章

不稳定就业的二元论：非标准工作、非正式经济和自营职业在日本、韩国和印度尼西亚，不同历史、制度和文化环境中的亚洲资本主义动态产生了不同形式的不稳定工作。在日本，终身雇佣曾经是常态，正规和非正规工作之间的区别对性别和家庭有重要影响：

> 研究表明，由于经济缺乏保障，女性不愿嫁给非正规工作者，男性非正规工作者结婚的可能性是正规工作者的一半。辛勤工作就能有婚姻、家庭以及孩子未来的发展和成功，这曾是战后日本社会契约所能保证的，如今能获得这种保证的一般仅限于有固定工作的人。

不稳定就业在韩国也有性别模式，在韩国：

> 52.7%的在职韩国女性进入了劳动力市场，而男性的这一比例为74.7%。对于一个面临人口萎缩的国家，近

50%的女性未进入劳动力市场意味着韩国将很快面临严重的劳动力短缺问题，而这些劳动力可以在维持和发展经济方面发挥重要作用……许多在抚养孩子期间或孩子长大成人后重新进入劳动力市场的女性都在从事短期劳务和兼职工作这样的非正规工作。

在印度尼西亚，不稳定就业与非正式就业和不平等有关。非正式经济的特点是：

缺乏欠薪保护，在没有通知或补偿的情况下被裁员，职业健康和安全条件差，缺乏养老金、病假工资和健康保险等社会福利……被排除在其他体面工作机会之外的移民、妇女和其他弱势群体别无选择，只能在印度尼西亚的农村和城市地区从事非正式的、低质量的工作。

如第1章所述，不稳定就业包括三种二分法或二元对立。对日本和韩国来说，关于不稳定就业的讨论和官方报告主要是从非正规就业的角度来展开的。对印度尼西亚来说，这些讨论的核心是没有合同的工作和非正式经济领域的工作。在韩国和印度尼西亚，自营职业者通常也被视为就业不稳定的工作者。非标准工作、非正式经济领域的工作和自营职业是不稳定就业形式，因为这些类别通常就指代缺乏法律和社会保障的工作，大部分工作风险由此类工作者自己承担，因此这些工作往往没有保障、不稳定、不确定，而且工资相对较低。此外，正如导论和第1章所述，由于政府对于劳动力市场的管制放松了，工作者的保障措施被削弱了，那些拥有标准或正规工作的人手里的饭碗也越来越端不稳了，因为雇主在与员工的关系中获得了更大的灵活性；工作者许多以前可以行使的权利和获得的保障（至少对大公司的男性工作者来说）已被取消或变得越来越少。我们将在第5章讨论各种形式的不稳定就业与经济不平等、社会保障和贫困之间的关系。

在本章，我们将通过实证来证明我们对于日本、韩国和印度尼西亚的二元形式的不稳定就业的观点。我们将利用来自各国国家劳工调查的宏观统计数据和微观数据来确定这三个国家各种就业类型的趋势、相似性和差异。我们主要关注非标准或非正规工作，因为这种不稳定就业形式一直是日本和韩国有关就业转型的主要讨论焦点。我们将表明非标准就业和非正式就业具有性别差异，因为这三个国家的女性更有可能被困在不稳定工作中。我们还将讨论在这三个国家从非正规就业向正规就业流动的机会。

标准和非标准工作制度

在日本、韩国和印度尼西亚的资本主义经济体系中，有偿工作一直是大多数人维持生计所必需的主要收入来源。因此，从学校到就业的过渡一直是我们生活中的重大里程碑，影响着家庭的组成和幸福。正如我们所讨论的，"二战"后日韩大公司雇佣合同的规范形式是一种标准的雇佣制度。工作者全年在雇主的场地做全职工作，受雇主监督，工作稳定。正规工作者享有广泛的法定福利和权利，并预计会被一直雇用到退休年龄。这种工作安排通常仅限于男性和大公司。非标准或非正规的就业形式与这些规范的标准雇佣关系不同。

尽管在研究日本和韩国等资本主义国家的情况时，将非正规工作与偏离标准雇佣关系的工作制度联系起来可能是合理的，但这种观点不论在历史上还是在比较不同国家的情况时都有局限性。标准雇佣关系在任何时候都不是任何社会工作安排的范式。在全球大部分地区，标准雇佣关系很多时候只是一种美好愿望。在发达工业国家，即使在福特主义时代，大多数工作关系都不是标准雇佣关系，而且是以男主外女主内模式的假设为基础，女性和移民等大量人口都被排除在标准雇佣关系之外。此外，在印度尼西亚，标准雇佣关系只涉及一小部分工作者。

非标准或非正规的工作制度以多种方式偏离标准雇佣关系。在非标准工作制度中，通常由另一个机构（例如临时工机构或外包公司）来对员工进行管理，并且员工不指望在任何一个雇主那里长期工作。非标准工作制度通常就是取决于雇主需求和偏好的工作。非正规工作往往集中在某些经济部门，可以根据职业、行业和组织的差异来定义。在日本、韩国和印度尼西亚，非正规就业集中在服务业。在韩国和印度尼西亚，非正规工作者集中在农业、建筑业和运输业领域。印度尼西亚的模式要复杂一些，因为它的非正式经济规模很大，尤其是在农业领域。因为农业领域提供了大量的工作岗位，其中绝大多数都属于非标准工作。但非正规工作不仅存在于印度尼西亚的非正式经济领域，在正式和非正式经济领域印度尼西亚的雇主都普遍采用短期雇佣的形式，雇主会尽量避免签订雇佣合同。2015年，短期合同的使用在服务业最高（高达65%），但在制造业也有（超过40%）。

标准和非标准工作制度之间的区别让人想起制度经济学家提出的划分方法，他们在20世纪六七十年代提倡二元劳动力市场理论，以此作为细分劳动力市场的方法，一元是大公司里相对稳定的工作，在社会中有向上流动的机会；另一元是就业相对不稳定的工作，工资低，缺乏职业阶梯和转做更好工作的机会。日本的二元劳动力市场传统历史悠久，有保障的

"圈内人"或核心工作者群体享有长期的雇佣合同和相对较高水平的保障，而那些没有这种就业保障和福利的人——"圈外人"——通常受雇于保障相对较少的非正规工作。这种组织二元性的特征在韩国越来越明显。在印度尼西亚也可以看到由政府就业和制造业主导的规模相当小的核心正式部门。

由于工作制度是企业和政府为应对全球化带来的激烈竞争而采取行动的结果，所以许多日本、韩国和印度尼西亚工作制度变化的因素是相似的。在这三个国家，这些工作制度都旨在降低成本并提高劳动力市场的灵活性。然而，不稳定就业类型和性质的差异显而易见，因为各国工业化进程以及与超全球化和新自由主义政策相关的政策进程各有不同。在日本和韩国，经济放缓和经济危机产生的巨大压力正在瓦解标准工作关系，在这两个国家标准雇佣关系主要存在于大公司。很多压力与生产全球化有关，控制劳工与工会、集体谈判和国家工作场所监管这些相关问题成为全球投资决策的重要驱动因素，因此国家、企业和劳工最好通过提高竞争力和赢利能力（包括降低工资成本）来应对这些变化。

非标准工作制度给工作者带来了问题，因为这些工作工资相对较低，而且通常缺乏基本的社会福利保障，这些保障在日本、韩国和印度尼西亚通常通过由雇主提供（见第5章）。非标准工作缺乏确定性、稳定性和保障，也会对各种与工作无关的个人表现产生广泛的影响，例如工人精神压力更大、身体健康较差、教育抉择的不确定性更大等。对于家庭来说，非标准工作制度可能会对婚姻和生育产生负面影响。它们还会影响社会进步，例如社区凝聚力降低，对地方机构的投资减少等。

非标准工作的质量应该结合标准雇佣关系的工作质量来判断。尽管非标准工作制度通常比标准工作制度所能给予的社会保障、工资和福利更少，更为不稳定，有更多不确定性，但这些工作质量低的特征也越来越多地出现在标准雇佣关系中。例如，日本雇主试图通过实施各种政府放松管制政策在正规工作者身上获得更大的灵活性，这让公司得以引入绩效工资政策，例如根据绩效和完成指标的情况支付工资，将薪酬与实现特定绩效指标挂钩。这些做法破坏了大公司资历和工资之间的联系，削弱了终身雇佣的概念以及正规工作者与雇主之间的心理和社会契约。对工作时长和就业保障的放松管制也让日本的正规工作更加多元，不再像标准和非标准工作安排之间工作质量的二元对立那么简单，而且让这两种工作安排都越来越不稳定。

非标准工作的趋势：证据和解释

日本和韩国的非标准就业一直在增加，这种工作制度仍然是印度尼西亚正式经济部门的主要雇佣形式。在日本，自20世纪80年代中期以来，劳动力中非正规工作者的占比有所增加。1997—1998年亚洲金融危机之后，韩国劳动力中非正规工作者的比例有所增加。韩国也有相对大量的自营职业者，他们享有的福利和保障都很有限。20世纪90年代以来，日本和韩国的正式和非正式经济领域的非正规就业迅速增加。在印度尼西亚，非正规就业是主要就业形式，即使在正式经济领域也是如此。世行估计印度尼西亚80%以上的工作者没有合同，即使他们在正式经济领域工作。这似乎与经合组织的数据一致，即超过90%劳动力在非正式经济领域工作（参见后面的讨论）。

在日本、韩国和印度尼西亚，女性最有可能成为非正规工作者。在日本，劳动力市场中的性别分化根深蒂固，持久存在，兼职工作的女性化证明了父权意识形态持续在发挥重大影响。然而在20世纪90年代，越来越多的男性工作者也变成非正规工作者。这些工作者原本希望能在核心劳动力队伍中受雇为正规工作者，但他们越来越多地被排挤到更不具优势的外围。在韩国，女性从事非正规工作的比例几乎是30岁及以上男性的两倍。来自印度尼西亚的数据也表明非正式就业中有同样程度的性别差异。然而，与日本和韩国不同的是，男性非正式就业的可能性比女性更大，只有一个重要类别例外，即无薪工作。近三分之一女性的工作属于这一类。

在本章接下来的部分里，我们将为这些对非正规工作的描述和其他偏离标准雇佣关系的情况提供依据。在解释日本、韩国和印度尼西亚非正规工作的发生率和趋势时，我们将参考相关劳动力市场制度。这些制度反映了工作者权力（例如工会密度和集体谈判能力）、针对正规和非正规工作者的就业保护法等政府政策，以及与失业保险相关，并在工人失业后寻求重返工作岗位时提供支持的积极劳动力市场政策。这与这些国家的培训体系有关。例如，与工作相关的培训是由政府还是雇主组织的。塑造劳动力市场制度的宏观因素和三国国内影响这些制度的政治因素都将被强调。

日本

日本在就业问题上长期以来一直表现出明显的二元性，劳动力按就业状况、性别和年龄来划分。如前所述，终身雇佣制主要是在战后时期的大公司发展起来的。终身雇佣制是日本就业制度的基石，其特点是退休前有工作保障，工资水平取决于资历。这种模式意味着针对正规工作者有强制性的社会保险福利。这个系统正在被全球资本主义的发展态势所改变。

如前所述，日本经济在 1985 年开始发生变化。《广场协议》签订之后，政府开始改变管理雇佣关系和实践的法规。后

来，经济长期停滞，促使企业通过雇用更多临时工来修改终身
雇佣制，降低雇主成本。因此，在过去的30年里，日本经历
了政府发起的政策变化，企业制定了商业战略，以应对不断变
化的经济环境、重振经济、转变就业制度、降低商业成本、增
加投资、促进增长和竞争力。但事实上，尽管发生了种种变
化，经济仍裹足不前。此外，日本公司在全球市场上面临着来
自韩国和中国台湾地区公司，以及近些年来自中国大陆地区公
司日益激烈的竞争。

日本公司在20世纪80年代初期开始使用由劳务中介
机构派遣的临时工，早在那时这样做的理由就是降低劳动力
成本并提高就业灵活性。尽管1968年立法的《职业安定法》
（Employment Security Act）禁止公司使用第三方派遣的工人，但
它们仍能够规避法律。1985年，为了提高竞争力，自民党政府
出台了《劳动者派遣法》（Worker Dispatching Law），允许使用
劳务中介机构和它们派遣的工人（表4-1）。最初，私人劳务
中介机构获得批准后，仅允许派遣工人从事13个职业。1986
年又增加了3个职业，1996年职业清单扩大到26个。最后，
1999年的清单只明确了不允许派遣劳务的职业。该清单一直
在根据不断变化的经济环境持续进行修订，增加了许可行业的
数量，延长了就业期限。唯一的例外是2009—2012年，当时
执政的是日本民主党。

表 4-1 《劳动者派遣法》时间表，日本，1985—2018 年

时间	行动	获准的职业数量及其他变化	最长派遣时间
1985 年 7 月	立法	13	9 个月
1986 年 6 月	法律通过	16	无变化
1996 年 6 月	修订	26	1 年
1999 年 6 月	修订	除 5 个以外的所有职业	26 个职业无限制，其他职业限期1 年
2004 年 3 月	修订	除 4 个以外的所有职业	26 个职业无限制，其他职业限期3 年
2009 年 12 月	执法更严	无变化	无变化
2012 年 3 月	新法规	无变化	无变化
2015 年 5 月	修订	无变化	同一公司 3 年，续约无限制，所有职业不限
2018 年 6 月	修订	同工同酬	无变化

公司还通过雇用候命工作者和临时派遣工作者，或通过将部分生产过程外包或分包给其他公司来提高生产系统的灵活性。此后，劳动力市场的灵活性主要是靠减少正规员工的数量并雇用非正规员工填补空缺来提高的。1995 年，政府成立了放松管制特别委员会（Special Committee on Deregulation，SCD），在企业的推动和国家的支持下，20 世纪 90 年代劳动力市场的监管发生了更广泛的变化，进一步加强了劳动力市场的灵活性。雇主组织的代表加入放松管制特别委员会。该委员会历任主席都是大公司首席执行官担任的；日本经济团体联合

会（简称经团联）主席被任命为放松管制特别委员会的委员会副主席。在放松管制特别委员会中几乎没有劳工代表，仅有少数例外。从 1999 年到 2004 年，没有委员会成员为劳工发声。换句话说，在这个致力于重塑劳动力市场的委员会和工作进程中，这是一场"没有劳工参与的改革"。

工作场所及其监管发生变化的同时，终身雇佣制员工的比例下降，非正规员工的雇佣人数增加。正规工作者的绝对数量在 21 世纪出现下降之前长时间保持增长。造成正规工作者绝对数量变化的原因包括人口趋势的变化、经济停滞，以及公司雇佣实践的变化。从本质上讲，非正规工作者的增加破坏了 1945 年以后的劳动力市场体系，以及以终身雇佣、公司工会和资历工资为特征的管理层与工作者之间的隐性契约。非正规工作者是圈外人，他们享受不到过去劳动力体系里的许多福利。那些仍然在终身雇佣制中的人是圈内人，他们能继续享受一些优势。即便如此，这些正规工作的质量已经变得更加多样化，因为为了支持企业并希望促进增长，雇主和员工之间的关系已变得灵活化。

圈外人包括有各种不同合同和工作条件的工作者。日本厚生劳动省就业状况调查提供了非正规就业统计数据，按官方分类将非正规工作者划分为兼职工作者（这是日本的一种就业状态，不是基于工作小时数来划分的）、限期工作者（雇用期限有限，每日工作时间有限）、劳务派遣工作者（临时劳务机构的员工）、合同工（受雇执行特定任务的固定期限工作者）、返聘工作者（退休后被前任雇主重新雇用的老年工作者）等。

图 4-1 显示了 1985—2018 年日本非正规雇员和各种亚型非正规工作者的占比趋势。非正规就业的比例在此期间翻了一番以上，在 2018 年占所有工作者的近 40%。非正规工作者人数的快速增长和锐减往往反映了政策和法律的变化，以及与亚

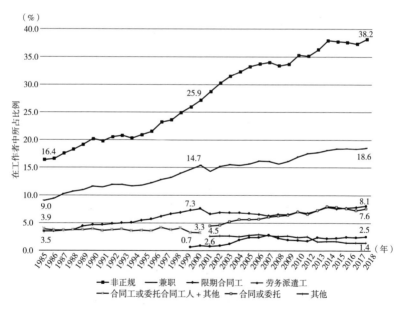

图 4-1　非正规雇员类型的趋势，日本，1985—2018 年

资料来源：日本统计局（2020）。

洲金融危机和日本经济停滞相关的经济变化。劳动力从 1997 年的 6787 万人增加到 2018 年的 6830 万人，非正规就业人数在同期从 1152 万人增加到 2117 万人，正规就业人数从 1997 年 2 月的 3812 万人减少到 2018 年第一季度的 3423 万人。

尽管最受公众关注和能登上新闻头条的往往是劳务派遣工，但非正规工作者群体中增长最快的是兼职工作者。从 1985 年到 2018 年，这些工作者的数量几乎增加了两倍，达到 1030 万人。兼职工作已经女性化，因为从事兼职工作的主要是有学龄孩子的女性。2007 年日本劳动政策研究进修机构（Japan Institute of Labor Policy and Training，JILPT）的报告称，当让雇主列出使用兼职员工的所有原因时，最常见的原因是降低劳动力成本，第二个最常见的原因是满足工作者的需要。雇主声称一些工作者更喜欢兼职工作。还有一个普遍的原因是，使用兼职员工增强了公司应对工作者需求波动的灵活性。

非正规工作者增幅第二的类别是限期工作者，在 1985 年至 2018 年期间也增加了两倍多，在 2018 年达到略低于 450 万人。随着雇主对劳动法的变化做出调整，合同工和劳务派遣工的人数也有所增加。在问到合同工时，38.7% 的雇主希望这些工作者能够完成专业工作，36.8% 的雇主希望获得无须培训的熟练工。

非正规工作者的使用在不同经济部门之间表现出显著差

异。在第一和第二产业，非正规就业有所下降。在第一产业，这一比例从 1994 年的 5.8% 下降到 2010 年的 4%；同期，该比例在第二产业从 33.4% 降至 24.8%。非正规就业在服务业有所增加，1994 年到 2010 年从 60.3% 上升到 70.3%。向后工业社会的过渡削弱了日本工作者的就业保障，尤其是因为服务业的工会和国家保障等劳动力市场机制没有得到很好的发展。

性别和年龄差异

日本的非正规就业与性别和年龄有关。女性很少能进入父权制终身雇佣岗位，这种制度假定男性是户主，女性结婚后会离开劳动力大军。然而，随着服务业的扩张和更多的女性进入劳动力市场，女性工作者越来越临时化，尤其是兼职工作者。结果是女性最有可能从事非正规工作，因此她们也是最脆弱的工作者群体之一。图 4-2 显示了从 1985 年到 2018 年男性和女性非正规工作者增加的情况。显然，从事非正规工作对男女都变得更加普遍，但在整个时期内，女性更有可能从事非正规工作。

除此之外，直到 21 世纪，男女在非正规工作中的差距一直在扩大，此后一直保持相对稳定。2018 年，近 57% 的女性从事非正规工作，而男性的比例为 22.4%。这种非正规工作的

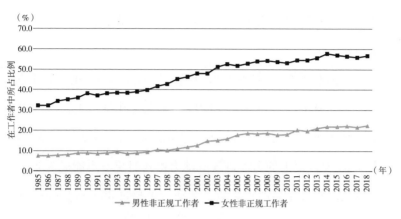

图4-2　性别与非正规工作者，日本，1985—2018年

资料来源：日本统计局（2020）。

女性化不仅反映了与终身雇佣相关的性别差异化工作模式，还反映了就业场所和家庭中根深蒂固的父权价值观。这种就业中的性别二元论表明，家庭和工作场所中的父权制是相辅相成的。因此，尽管女性的劳动力参与率一直在上升，但它是以性别化的方式实现的。

　　这些差异反映出的父权制又受到了体现男主外女主内模式的法律和税收结构的强化。根据日本的税法，从事兼职工作的女性可免于纳税，这样一来便抑制了女性全职工作的积极性。如果已婚女性只工作限定时数，还可以继续在丈夫的纳税申报表中申请抵扣。日本政府一直不愿撤销税收减免，就是因为大量的全职家庭主妇和女性兼职工作者认为家庭能够受益于这些税收措施，所以政府认为取消税收优惠会对选举不利。

非标准工作有年龄差异，也有性别差异。最引人注目的是图4-3显示的非正规就业的性别特点。在每个工作年龄组中，女性都比男性更有可能成为非正规员工。2017年，15~24岁和65岁及以上的男性进入劳动力市场时更有可能成为非正规员工。在较年轻的年龄段，劳动力中超过45%的男性从事非正规工作。在年长的年龄段，从事非正规工作的男性超过70%。在25~54岁的黄金工作年龄，从事非正规工作的男性比

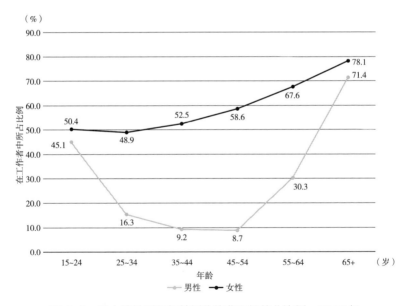

图4-3　日本按性别和年龄划分的非正规就业比例，2017年

资料来源：日本统计局（2017年）。

例有所下降，并保持在相对较低的水平。女性进入劳动力市场时，从事非正规工作的比例超过 50%，仅比男性高几个百分点。然而，与男性不同的是，女性参与非正规就业的比例并没有急剧下降。此外，年龄较大的群体从事非正规工作的比例有所增加，65 岁及以上女性的比例上升至 78% 以上。

自营职业

在包括韩国和印度尼西亚在内的许多国家，自营职业被认为是糊口的一种方式。然而，在日本，由于家族企业历史悠久，企业通常代代相传，因此自营职业社会地位较高。几十年来，国家一直支持这些小企业的发展，保护它们免受大型零售商竞争的影响。起源于 20 世纪 50 年代、废除于 1998 年的《大企业零售店法》（*Large-Scale Retail Store Law*）保护小型零售商和自营店主免受大型百货商店和外国零售商的挤压。小店主也免征营业税。这样做的部分原因是小型零售商和自营店主被认为是自民党的重要选民。地方政府也通过其所在地区的小企业计划支持自营职业者，并得到了自 1998 年以来《市中心振兴法》（*City Center Revitalization Law*）的支持。然而，尽管有这样的支持和地位，日本的自营职业规模很长时间以来一直稳步缩小，从 1981 年占总就业人数的 27% 降至 2019 年的 10%。下降的主要原因是自营职业人员的收入相对于公司员工的收入有所下降。此外，自营职业女性过渡到了其他类别的非标准工作。

韩国

长期以来，非正规就业一直是韩国就业的一个特点。1990年，临时工和计日工占所有工作者的 45.8%。然而，在当时，这种就业在官方统计和公共议程中是一种"被隐藏"的工作类别，因为它被认为是经济发展过程中的一个过渡现象，因此很少受到政客、政策制定者、学者或公众的关注。直到 1997—1998 年的金融危机爆发并由此产生了新自由主义经济改革，非正规就业才更加引人关注，并成为雇主和国家实现更大劳动力市场灵活性的一种方式。国际货币基金组织推动的一项重大改革就是放松劳动力市场管制，以此促进就业灵活性。

在经济危机期间，候任总统金大中（Kim Dae-jung）于 1998 年 1 月 15 日成立了劳使政委员会。之前受国家支持的韩国劳总和新成立的民主劳总都加入了劳使政委员会。仅仅三周后，委员会就同意通过所谓的社会契约（Social Pact）来克服金融危机，允许国会在两周后修改《劳动关系法》。此次修订允许企业大规模裁员，促进了劳务派遣。在经济危机最严重的时候，工会被说服接受了这些变化。结果是 1998 年每月裁员人数达近 10 万人。

修订后的《劳动关系法》和由此产生的裁员产生了直接

和长期的影响。一个直接的后果是随着经济活动的回升和公司用非正规工作者取代被裁员的正规工作者，非正规工作者的数量激增。公众和工会注意到了这一变化，因此引发了相当多的批评和争论。由此产生的法律对企业和工作者产生了长期影响。国会于 1998 年出台了《派遣劳动者保护法》(*Protection of Dispatched Workers Law*)。就像在日本那样，这项法律意味着劳使政委员会可以决定哪些行业可以使用劳务派遣工作者。最终规定了 26 个就业领域，包括白领职位（例如计算机工程师、电话推销员和翻译），但大多数是清洁工、保安、送货员和停车服务员等较低级别的岗位。除劳务派遣工外，其他多种形式的非正规就业也越来越普遍，包括固定期限工和合同工。

在 2002 年之前，没有正式的术语来描述非正规就业，来反映在此之前不稳定就业的隐性性质。工作是按雇佣合同的长短来分类的，而不是按雇佣类型。当时，韩国统计局明确了两类非正规工作者：临时工和计日工。正规工作者被定义为在一个岗位上工作一年以上的人。临时工是指工作时间超过一个月但短于一年的人。计日工指雇佣时间短于一个月或按日计算的工作者。当工作时间长短不是雇主的主要关注点时，这种分类就会产生问题。为此统计局开发了一个新系统，更多地关注雇佣合同，并引入了新的分类方法，加入了劳务派遣工和限期合同工。

非正规就业类别的定义和分类的变化本身就反映了韩国劳工政治的发展状况。由于劳使政委员会在 2002 年采纳了对于非正规工作者的新定义，并于 2003 年由韩国统计局实施，正式承认和统计报告非正规就业成为可能。相关部门围绕该定义产生了重大争议，劳动部要求非正规工作者的定义排除那些合同会定期延长的临时工，而工会将他们纳入了非正规工作者的范畴。最终各方达成妥协，将自由职业者和独立工作者等"非典型工作者"排除在外。定义的改变让非正规工作者不再隐形，但它也排除了许多可以被认为是非正规工作者的人。根据新定义，2003 年有近 64% 的临时工和约 13% 的计日工被视为正规工作者。基于工作时间长短的旧非正规就业定义与新非正规就业定义之间的差异成为一个棘手的问题，因为它忽略了自由职业者、快递员等日益增加的非正规工作者。

面临非正规就业的增长，民间社会组织和工会对政府的批评越来越多，要求进一步修改《劳动关系法》，并为非正规工作者提供额外的社会保障。经过对非正规工作的长期谈判，《非正规就业法》（*Nonregular Employment Law*）于 2006 年通过立法，并于 2007 年 7 月在员工人数超过 300 人的公司中开始实施。2009 年，该法扩大到拥有 5 名或 5 名以上员工的公司。这些法律引入了使固定期限、兼职和劳务派遣工作者免于歧视的保护性措施，限制了兼职工作者的加班时间，并规定了固定期限和劳务派遣工工作多久之后可以被认定为永久员工。

韩国的非正规就业与作为该国经济发展特征的两个二元对立直接相关。第一个是在有偿和合同聘用制度内部的"圈内人"和大量"圈外人"之间的二元对立。这些"圈外人"通常被认为是自营职业者。随着工业化的推进，自营职业者人数普遍下降，这与西方国家早期工业化时期的模式相似。然而即使在今天，自营职业者仍然是劳动力中相对较大的一个群体，在1997—1998年金融危机之后，他们的数量仍在增加，让自营职业成为韩国非正规就业——更广泛地说是成为不稳定就业的重要特征。我们随后还会更详细地讨论这个问题。

第二种二元对立在正规工作者和非正规工作者之中都存在，主要是指工作条件和人生际遇上的区别。如前所述，当政府开始实施由危机引发的经济改革时，非正规就业人数急剧增加。劳动力市场改革伴随着新自由主义政策改革等其他一揽子改革，例如国有公司的私有化和金融市场的放松管制。劳动力市场的变化让自营职业继续维持了下来，并导致劳动力大范围的临时化，尤其是在中小企业中，这些企业在危机中受到的打击尤其严重，所以努力寻求降低工资成本。

图4-4显示了非正规工作者发展趋势，这些趋势是基于根据新定义和非正规工作者亚类别所收集来的数据得出的。这些数据涵盖了各种各样的非正规工作者：临时工、计日固定

期限工、劳务派遣工、分包工、特殊独立工和无薪家庭工作者。非正规工作者人数从 2002 年的 384 万人迅速扩大到 2004 年的 539 万人，2019 年又增长到 748 万人，其占总劳动力的比例从 27% 以上上升到 2004 年的 37%，然后下降到 33% 左右，2019 年再次上升至 36.4%。在这些汇总数据中，固定期限工作者占非正规工作者的比例最大，超过 478 万人，占非正规工作者的 64% 左右，占总劳动力的 23% 以上。非正规工作者中第二大的群体是兼职人员，将近 320 万人，占非正规工作

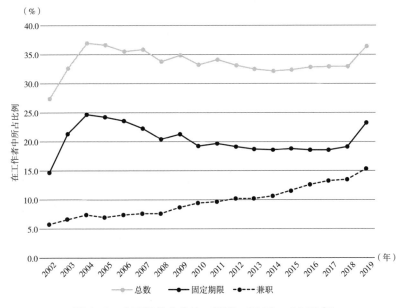

图 4-4　非正规就业趋势，韩国，2002—2019 年

资料来源：韩国劳动研究所（KLI 2011、2019）。

者的 42.2%，占总劳动力的 15.5%。经济危机后，由于雇主在恢复期继续削减成本，非正规工作者的比例在 2004 年达到峰值，占总劳动力的 37%。由于公司面临巨大的政治压力，要求它们减少固定合同工和非典型工作者的比例，非正规工作者的占比一度有所下降。2006 年，围绕非正规工作的进一步争论导致了劳务派遣法的修订，降低了企业使用这种形式的劳动力的动力。近年来固定期限就业人数有所增加，2019 年达到 480 万人。与此同时，兼职人员的比例从 2002 年的略低于 6% 持续上升至 2019 年的 15% 以上。

尽管从 2002 年到 2014 年非正规就业人数有所下降，但正规工作者和非正规工作者之间的工资差距越来越大，从 2002 年的近 34% 增加到了 2018 年的 41% 以上。

性别和年龄差异

图 4-5 显示了 2002—2018 年，韩国从事非正规工作的男性和女性分别占男女总就业人数的比例。这一时期最明显的一点是，女性非正规工作者占女性劳动力总数的比例一直明显高于男性。此外，从事非正规工作的男女差距在此期间也不断扩大，从 2002 年的约 9% 增加到 2018 年的 15% 以上。这些性别差异反映了韩国社会根深蒂固的父权制本质是根植于意识形态和实践的，是男主外女主内家庭模式的基础。

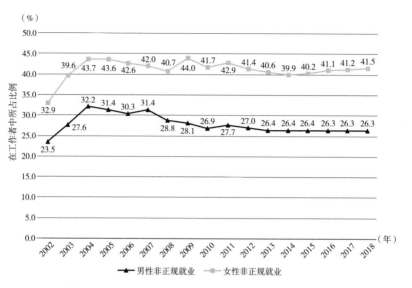

图 4-5　按性别划分的非正规就业，韩国，2002—2018 年

资料来源：韩国劳动研究所（KLI 2011、2019）。

　　尽管日本和韩国都表现出明显的性别差距和父权制特点，但两国也有所不同。在日本，性别差距主要体现在正规工作与非正规工作中男女人数之间的差异。相比之下，韩国的性别差距主要表现在男女收入的差异上。正如我们将在第 5 章所讨论的那样，2018 年韩国在经合组织国家中的男女收入中位数差距最大（34.1%），而日本的差距为 23.5%，经合组织国家的平均差距为 12.8%。

　　韩国不同年龄段的性别差异模式也与日本不同（图 4-6）。尽管 15~24 岁的男性和女性的非正规就业率相似，并且低于日本，但随着年龄的增长，女性非正规就业比例的增幅远远高于所有年龄组的男性。在黄金工作年龄段，韩国的性别差距小于日本。韩国非正规就业的女性占比仅在55岁左右时才与日本趋同。韩国非正规就业的男性占比远低于日本65岁及以上的男性，而两国65岁及以上非正规就业的女性占比都接近80%。

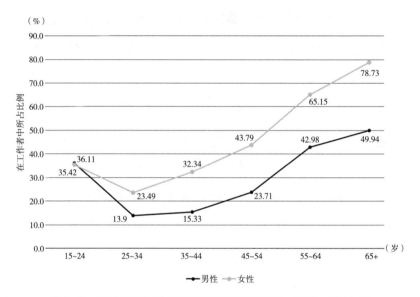

图4-6　按性别和年龄划分的非正规就业比例，韩国，2016年

资料来源：改编自韩国统计局（2018年）并计算得出。

自营职业

表面看来，韩国的自营职业似乎反映了正统的观点，即自营职业是一种将死的就业形式，随着资本主义工业化的推进而衰退。日本的自营职业人数占比下降到 10% 左右，但韩国的这一比例并没有下降到同样的程度。在韩国，被归类为自营职业者的人数在 20 世纪 70 年代后期占就业总人数的 50% 以上，后来稳步下降到 1991 年的 37% 和 2019 年的 25%。不过，这一比例仍相当高，与智利和墨西哥的情况相近，但高于几乎所有经合组织国家。稳步下降的节奏被 1997—1998 年的经济危机打断，其间自营职业人数在 1998 年增加到 38% 以上，危机后又再次下降。

在自营职业者中，82% 是个人或无薪家庭工作者，平均收入约为 2015 年正规工作者的 70%。自营职业者中有 70% 在服务业，40% 的人在员工人数少于 10 人的企业工作。这意味着，大约四分之一的自营职业者没有加入国民年金计划。因此，尽管韩国的信息技术、汽车、电子等工业全球领先，经济上呈现出发达工业部门的特征，但国内经济仍继续依赖自营职业者，特别是在服务业。很大一部分自营职业者只有很少或根本没有雇员，这反映了前工业经济的残余，构成了不稳定就业人数的很大一部分。

印度尼西亚

在对工作者进行分类时，印度尼西亚的官方统计数据并没有像日本和韩国那样使用正规和非正规就业的定义。印度尼西亚以两种方式对工作者进行分类，一种是对正式和非正式经济领域工作者的区别，另一种分类法包括自有账户工作者、自营职业者、雇员、临时工和无薪工作者这些类别。通过用第二种分类法以及塔乔埃丁（Tadjoeddin）和乔杜里（Chowdhury）提供的对这些数据的解释，我们将"雇员"计为正规工作者，将剩余的类别汇总为非正规工作者，然后可以进行一个初步的计算。这样的计算可以反映出1997—1998年金融危机的影响，根据计算，正规就业人数从1995年占总就业人数的不到35%下降到21世纪头10年中期的30%。到2015年，这一比例上升到42%以上，总统乔科·维多多（Joko Widodo）优先考虑创造"更好的工作"，在他第一任期内正规工作加速上升，在2019年达到近43%。此后，正规工作占比的上升趋于平稳，并且很可能随着新型冠状病毒肺炎疫情导致的经济低迷而逆转。与之相对应的是非正规就业的发展，它在2005年达到峰值，占总就业人数的70%左右，到2019年下降到略高于57%。

然而，这样的计算应该谨慎看待。在2014年的竞选活动中，维多多总统承诺创造固定正规就业岗位，印度尼西亚统计局对雇员的定义是长期为他人工作，并将金钱、现金或商品作为工资或薪水的人。在官方调查中，如果一名工作者在过去一个月内服务于相同的雇主，该工作者即被视为长期雇员。其他数据显示，至少33%的"雇员"没有长期合同。世行注意到大多数寻求降低成本的公司都没有签订正式合同或使用短期合同，据估计超过80%的工作者没有签订合同。换言之，与日本和韩国相比，我们可以估计印度尼西亚总劳动力中只有10%~20%是正规工作者。

这一估计得到了有关非正式企业的数据的支持。对印度尼西亚公司的一项调查显示，96%的员工少于5人的企业和超过93%的员工人数为5~19人的企业被归类为非正式企业。大多数非正式企业不与雇员签订合同。罗滕伯格（Rothenberg）等人表明，此类非正式企业占（印度尼西亚）所有企业的99%，雇用了约95%的劳动力，自2010年以来一直没有太大变化。有趣的是，官方数据估计，无薪工作者、自有账户或自营职业者或临时工（即那些没有签订同工的工作者）的比例从1996年的66%增加到了2006年的72%，在2018年下降到略高于62%[①]。当然，虽然占比有所下降，但这一类别的工作者人数有所增加，从1996年的5500万人增加到2018年的7900万人。那些被归为自营职业和自由账户的工作者占劳动力的很

---

① 印度尼西亚的雇佣合同要么是无期限合同，要么是有明确期限的合同。明确期限雇佣合同是固定期限合同。无期限雇佣合同是开放式的。在法律上，明确期限或固定期限雇佣合同仅限于一次性和临时性质的工作，将在3年内完成，有季节性，或与仍处于试验阶段或试用阶段的新产品、新活动或附加产品有关。

大比例。1996 年，这一类别几乎占总劳动力的 47%，即超过 3900 万人，到 2018 年下降到约 35%（超过 4400 万人）。

非正式工作者和自营职业者之间的界限特别模糊，工作者经常在无偿家庭劳动和有偿劳动之间改变其就业状况和工作类型。这通常具有季节性因素，工作者在劳动力需求的变化中循环，有时在城市和农村之间流动。农业继续雇用近 30% 的工作者，无薪工作者在这个部门占主导地位。家族企业中也有无薪工作者，其主要是在非正式经济领域。自营职业者也会出现在非正式经济领域，特别是在只有一两名雇员的微小企业中，这通常是以家庭为基础的经营形式。

临时就业的数据在 2005 年左右才出现，此类工作在交通、矿业和建筑领域最为常见。这些领域也以自营职业和自由账户工作者为主，他们通常是承包商和分包商。自有账户工作者是那些在没有有偿工作者协助，或使用无薪工作者（主要是无薪家庭工作者）的情况下，自担风险劳动的人。这些类别的一些变化值得注意。2005 年，矿业临时工占 18.7%，2015 年上升到 20.1%。在制造业，官方数据认为三分之二的工作者属于雇员，2015 年临时工人数占比仅为 5%。然而，在建筑行业，2000 年 81.6% 的工作者在统计数据中被列为雇员，但这一数字在 2005 年急剧下降至 38.6%，46.1% 的工作者被列为临时工。到 2015 年，40.6% 的工作者被列为雇员，50.8% 被列为临时工。2000 年的交通运输业中 58% 是自有账户工作者，30% 为雇员。2005 年，这一比例分别变为 59.6% 和 25.7%，另有 7.1% 被列为临时工。到 2015 年，官方统计了 42.5% 的自有账户工作者、42.1% 的雇员和 10.5% 的临时工。尽管在线劳动力平台的数据稀缺，但这种就业途径已经扩大。大多数零工工作者不是雇员，而是被视为承包商，尽管所服务企业的核心业务的基础是这些零工工作者的劳动。在这种情况下，大多数零工工作者无法获得就业保障，并且"在不稳定的劳动条件下工作"。

非正式经济领域

不稳定就业在印度尼西亚并不是一个常用术语，尽管不确定、不稳定和无保障的工作是该国的常态。部分原因是印度尼西亚在 1997—1998 年经济危机后的发展发生在一个超全球化的时代。这意味着没有福特主义的传统或标准的雇佣关系，国内制造业从未发展到日本和韩国的水平。在这种情况下，国家、劳工和学术界的注意力仍然集中在所谓的非正式部门。这个部门很大，由近三分之二的工作者组成。尽管许多工作不确定、不稳定、没保障的人确实继续受雇于农业部门，但印度尼西亚的情况也揭示了曾经的正式部门非正式化的重要过程。

借鉴了刘易斯观点的正统经济观点认为，非正式经济领域的存在标志着从以贫困为标志的不发达经济向现代经济的不完全过渡。这种观点假设：随着剩余劳动力被吸收，工资上涨，现代化进程将经历向正式就业的过渡，进而减少贫困。这些假设从日本、韩国和其他后发国家的工业化经验中获得了一些支持，这些国家的工业化导致了非正式性的下降，而现在的不稳定就业在很大程度上被视为是应对灵活性、国际竞争的需求和结构调整的最新发展，以及经济衰退的结果。印度尼西亚与南亚和东南亚其他国家的经历不同。在那些国家，工作者正在从农业领域转向工业和服务领域。然而，这后两个领域已经经历了灵活化进程，其特点是广泛使用不稳定就业形式。这些国家的工业化发生在全球生产链的国际竞争和服务业巨大扩张的背景下，这两个过程都需要灵活的雇佣关系。这意味着不确定、不稳定和无保障的雇佣实践是为在全球竞争的雇主降低成本和最大限度提高灵活性而实施的标准做法，总的来说这不是一种对过去模式的变革。

印度尼西亚的非正式经济规模可以通过制造业加以说明，制造业通常被认为是现代正式经济的范例。2010 年的一项官方调查显示，制造业 92% 的岗位没有在国家机构合法注册。这到 2014 年也没什么变化。经合组织估计，实际上只有不到 10% 的劳动力在正式经济领域就业。尽管经常可以看到大多数非正式工作者从事农业生产，但经合组织根据官方数据发现实际上超过一半的非正式工作者在城市地区。处于 25~54 岁黄金工作年龄段的人最有可能是非正式工作者，男女从事非正式工作的可能性大致相同。而 65 岁及以上的女性则不同，她们非正式就业的可能性要（比男性）高出一倍。非正式工作者的一个重要特征是受教育水平低，85% 的人仅受过小学或中学教育。非正式就业也与贫穷有关，这并不出所料。在最贫困的四分之一人口中，91.6% 在非正式经济领域工作。大约四分之一的非正式工作者每天的收入低于 3.10 美元（2011 年购买力平价），最有可能赚取这种低工资的工作者被归类为雇员和自有账户工作者，而在美国正式部门只有不到 10% 的工作者的收入比这更低。正式营利性组织和非正式营利性组织的时薪比约为 26%，这表明工作相同小时数，非正式工作者工资更少。值得注意的是，正式和非正式工作者每周工作都超过 60 小时。2014 年大约 43% 的非正式工作者加入了健康险，没有人缴纳养老金。

性别和年龄差异

在父权制的印度尼西亚社会，就业模式有性别化差异。如表 4-2 所示，印度尼西亚的男性劳动力参与率高于日本和韩国。女性进入劳动力市场的可能性与日本和韩国的同龄人差不多。然而，在印度尼西亚，女性更有可能从事无薪工作，并被归类为无薪工作者和无薪家庭工作者。尽管从事无薪工作的女性比例已从 1995 年的近 34% 下降到 2015 年的 28%，但男性大多已退出此类工作，从 1995 年的仅 10% 下降到大约 20 年后的约 5%。这意味着妇女在主要以家庭为基础的农场和以家族为基础的企业的工作中担当了主力，并主要负责社会再生产。同时，与男性相比，女性成为自营职业者、雇主或非农业临时工的可能性较小。尽管从机遇上说女性在员工类别中继续落后于男性，但差距已经有所缩小，从 1995 年近 10% 的差距缩小到了 2015 年的约 4%（表 4-2）。如前所述，根据经合组织的数据，只有在 65 岁及以上时，女性才比男性更有可能从事非正式工作。2005 年至 2015 年，男性更有可能在农业以外的领域做临时工，更有可能是雇主，或成为有临时工或无偿工作者协助的自营职业者；而妇女更有可能成为无薪工作者。

表 4-2　1995—2015 印度尼西亚不同类型工作者的两性分布比例（%）

工作类型	1995 年		2005 年		2010 年		2015 年	
	男性	女性	男性	女性	男性	女性	男性	女性
自有账户工作者	26.37	22.50	19.78	15.67	19.87	17.74	16.75	17.44
在临时工或无薪工作者的协助下劳动的自营职业者	22.70	13.49	27.34	13.05	24.80	13.43	19.01	10.48
有长期雇员协助的雇主	2.05	0.68	4.06	1.22	3.74	1.13	4.53	1.88
雇员	38.92	29.49	28.73	23.83	30.27	25.96	40.35	35.90
农业部门的临时工	—	—	5.06	5.53	6.01	5.70	4.76	3.88

续表

工作类型	1995 年		2005 年		2010 年		2015 年	
	男性	女性	男性	女性	男性	女性	男性	女性
非农业部门的临时工	—	—	5.67	1.73	6.60	2.24	8.87	2.45
无薪工作者	9.96	33.84	9.36	38.98	8.72	33.60	5.72	27.96

资料来源：印度尼西亚统计局（BPS）进行的全国劳动力调查（SAKERNAS）；印度尼西亚统计局（1995、2005、2010、2015）。

在所讨论的时期内，印度尼西亚劳动力的平均年龄有所增加，从 1995 年的约 36 岁增加到 2019 年的约 40 岁。年轻人在无薪工作者和在农业领域之外的临时工类别中的占比很高，这种模式自 1995 年以来就没有变化。平均年龄最大的工作者群体是自营职业者（约 48 岁），平均年龄最低的是雇员。同样，正如可以预料的那样，按年龄划分就业人数下降幅度最大的是 50 至 60 岁年龄段的群体。与此相关的是，随着年龄的增长，从事自营职业的人数大幅增加，其中 70 多岁的人比例最高。同样，这种模式自 1995 年以来一直没有改变，这可能反映了这样一个事实，即由于无法获得社会福利，人们必须活到老干到老。一个值得注意的变化是无薪工作者这个类别，65%~70% 的无薪工作者的年龄可能在 10 多岁到 20 多岁之间。然而，到 2015 年，这一数字已经下降到略低于 54%，这表明这类工作者整体年龄更高了。

工作稳定性

工作稳定是通常观念中好工作的核心要素之一。工作稳定性通过可预测的经济资源提供保障。非自愿解雇导致失去工作可能会给工作者的职业生涯带来重大变动，并让家庭陷入不稳定和脆弱的境地。工作不稳定，随时可能被解雇一直是市场经济的一个长期特征，为了降低工作的不稳定性，工会试图实现对市场的集体监管，包括要求雇主提供保障和通过劳动法由国家提供制度化的工作者保障措施。当市场的鞭子迫使工作者服从市场规则时，工作不稳定就变成了资本家用来控制工作者的工具，雇主利益占了上风。

就业稳定的程度是经济和政治动态相互作用的结果。在东亚，国家在管理经济以促进经济增长方面发挥了关键作用，工作者在组织起来之前没有力量影响劳动力市场。在日本和韩国，工作者组织主要在企业层面，工会化率较低，只有被充分组织起来的正规工作者才能获得一定程度的工作稳定性。由于工作者组织大多在制造业的大公司，因此中小型公司中尚未被组织起来的工作者不太可能得到工作上的保障。

日本和韩国的二元劳动力市场体系的特点是正规工作者和非正规工作者之间在工作稳定性上存在差异。工作稳定性通常通过工作年资（即一个人为特定雇主工作的时间长度）来衡量。稳定的长期工作被认为更可靠，而在小公司的短期工作和非正规工作被认为更不稳定。

日本

日本的终身雇佣制（至少对部分日本男性来说，他们可以一直工作到 55 岁左右，而且一般在较大的公司工作）植根于以企业为基础的就业体制，高度发达的内部劳动力市场将工作者与其雇主在较长一段的时间里捆绑在一起。这种稳定的就业有利于工作者获得公司相关领域的技能，并容易培养对雇主的忠诚度。长期以来，这种稳定性一直被认为是日本二元劳动力市场体系圈内人的标志。

日本工作者的平均工作年资为 11.9 年，工作年资超过 10 年的雇员比例为 44.6%。为了评估工作稳定性是否随着时间的推移发生变化，最有帮助的做法是关注那些以职业为导向、依赖全职工作的最忠诚的工作者群体[1]。卡勒伯格提供了 1992 年和 2014 年日本、德国、丹麦、西班牙、美国和英国的 30~50

---

[1] 对工作年资趋势的研究表明，不同的群体表现出不同的就业不稳定模式。例如，在美国，女性的工作年资普遍延长了，而男性的工作年资有所缩短（尽管在私营部门，女性的年资仍大大短于男性）。工作年资的缩短在老年白人男性中尤为明显，该群体过去在内部劳动力市场受到的保护最大。因此，在评估工作年资水平和趋势时重要的是要仔细明确子群。

岁男性的平均工作年资；这一时间框架包括经济扩张期（20世纪90年代）和经济衰退期（21世纪头10年的后期），让人们能够洞察到这些国家这个年龄段的男性工作稳定性的相对长期趋势。日本30~50岁男性的平均工作年资从1992年的16年下降到2014年的约12年，在6个国家中下降幅度最大。这可能是由于正规工作日益灵活化，导致日本雇佣关系更加多样化，超出了日本工作安排二元论所假设的范围。这提供了一些证据，表明日本的正规工作也不能免于劳动力市场自由化带来的影响，劳动力市场的自由化是由更大的灵活性和削减成本的压力推动的，导致终身雇佣制度被削弱，企业内部劳动力市场逐渐衰退。

韩国

韩国工作者的工作保障很有限，即使是正规工作者也是如此。韩国的平均工作年资远低于日本，1999年为5.8年，2015年为6.2年，在此期间员工的平均年龄从近36岁增加到41岁。直到20世纪90年代，员工在公司的工作年资都没有太大变化，在军政府治下的经济快速增长时期，各种规模的公司里工作年资也都很短。后来财阀开始比中小企业支付更高的工资，1987年后劳工运动逐渐发展，工作年资随之开始延长。到1995年，小公司（少于30名员工）和大公司（超过500名员工）的工作年资差为3.7年，2015年扩大到5.5年。21世纪头10年非正规工作者主要集中在中小企业，工作年资要短得多。

非正规工作者的工作保障很少。2006 年，国家试图延长这些工作者的工作年资，2006 年引入了的《非正规就业法》（*Nonregular Employment Law*），将非正规工作者为特定雇主服务的最长时间限制为 2 年。2 年之后，雇主必须将非正规工作者转为正规工作者。然而，雇主通常会在两年合同结束前解雇非正规工作者来规避这一要求。因此，这项旨在保护非正规工作者的法律没有起到作用，并且很可能让工作更加不稳定。

韩国员工为某一雇主工作的时间比日本和许多其他经合组织国家要短。韩国工作者的平均工作年资几乎是日本的一半，远低于德国（11 年）和法国（11.4 年）。只有 500 人以上的韩国大公司员工工作年资才接近欧洲国家的平均水平。尽管 2012 年韩国和日本工作年资不到 1 年的员工占比大致相同，约为 7%，但韩国的员工工作年资超过 10 年的比例较小。这种情况表明，韩国的经济比日本自由化程度更高。

印度尼西亚

尽管各省之间的具体情况有所不同，但印度尼西亚工作者做一份工作的时间往往会相对长一些。2016 年讨论工作年资时，曼宁（Manning）表明，2015 年，有超过 40% 的男性和约 35% 的女性已经在他们的工作岗位干了 10 年或更长时间。

这些比例在过去 5 年没有太大变化。

直到 2016 年，官方的全国劳动力调查才增加了一些问题，这才得以对长期和固定期限合同工的年资进行更深入的分析。在此之前，有关年资的可用数据主要针对正规工作者，其中约 20%~30% 的人工作年资不到 2 年。此外，年轻人、女性和受教育程度较低的人的工作年资最短。而且根据 2012 年至 2015 年收集的数据，正规员工的工作年资始终比包括自有账户工作者和自营职业者在内的其他工作者更短。这可能看起来令人惊讶，但很可能的情况是自有账户工作者和自营职业者几乎没有流动的机会，这表明非正式部门和正式部门之间的流动性相对较小。在制造业和建筑业工作的正规工作者年资最长，而在服务业工作的人的年资最短。

非正规和正规工作之间的流动性

如果非正规工作是稳定正规工作的踏板，那么对于工作者来说，干一份非正规工作就不是个大问题。然而，如果非正规工作没有出路，工作者别无选择，那么一辈子就只能从事通常不安稳、工资低且几乎没有保障的工作。因此，重要的是要看从非正规工作流动到正规工作的可能性有多大，以及特定的劳动力市场是否为工作者提供了转入有保障就业的可能性。

日本

尽管在过去 20 年中日本劳动力市场的灵活性不断提高，但从非正规工作到正规工作的流动性仍然很低。由于新自由主义经济改革让雇主更容易雇用非正规工作者，年轻工作者能保住正规工作的可能性从 1988 年的 45.9% 下降到了 2004 年的 34%。在同一时期，年轻工作者从非正规工作转到正规工作的可能性也有所下降，从 25.4% 降至 17.2%。相反，工作者从正规工作转到非正规工作的可能性从 10.5% 扩大到 17.2%，而年轻工作者留在非正规岗位的可能性则从不到 19% 大幅增加到 39% 以上。这些数据突出了这样一个事实，即从非正规工作到正规工作的流动性相对较低，这已成为日本劳动力市场的新常态。

表 4-3 更新了自 2004 年以来的数据，列出了日本和韩国非正规和正规工作之间流动性的情况，并提供了男性和女性的数据。这些数据显示了在此期间正规和非正规工作之间流动模式变化的总体轮廓。正如我们早先对日本就业模式的讨论所预料的那样，平均而言，近四分之三的男性有固定常规工作，但女性只有不到四分之一。对比显示，近一半的日本女性在这三个年份中从事非正规工作，而男性只有不到 5%。对于日本，该表还表明，从非正规就业流动到正规就业对于女性来说是罕见的，对男性来说更是如此。这体现出在完成正规教育后获得

正规工作的重要性，尤其对男性而言。如表 4-3 所示，由于二元劳动力市场比较僵化，如果一开始就从正规工作开始其职业生涯，男性或女性向下流动到非正规工作的可能性都会相对较少。

表 4-3　2005 年、2010 年和 2015 年日本和韩国的就业状态

就业状态			日本		韩国	
2005 年	2010 年	2015 年	男性（%）	女性（%）	男性（%）	女性（%）
正规	正规	正规	74.30	23.31	53.70	44.99
正规	正规	非正规	11.30	3.38	7.40	8.01
正规	非正规	正规	1.78	1.50	5.79	6.74
正规	非正规	非正规	2.54	8.65	7.28	8.39
非正规	正规	正规	4.58	6.02	10.20	11.48
非正规	正规	非正规	0.51	3.76	3.28	3.83
非正规	非正规	正规	0.51	4.89	3.58	4.55
非正规	非正规	非正规	4.58	48.50	8.87	12.02

资料来源：庆应义塾家庭调查（KHPS）和韩国劳动收入调查（KLIPS）。

韩国

与日本相比，韩国的正规和非正规工作之间的流动性更大。表 4-3 显示，韩国近 54% 的男性和约 45% 的女性在所有三个年份中有正规工作，而约 9% 的男性和 12% 的女性在这三个年份中从事非正规工作。此外，在 2005 年从事非正规工作的人中，10% 的男性和约 11% 的女性能够在 2010 年和 2015 年转向正规工作，而在 2005 年和 2010 年从事非正规工

作的男性和女性中，只有一小部分能在 2015 年转向正规工作。

与日本相比，韩国的正规和非正规工作在流动性方面的性别差异没有那么明显。与韩国相比，日本男性从事正规工作的比例更高，这表明男性的终身就业在韩国不太成熟。这也表明韩国的劳动力市场不那么二元僵化，为工作者提供了更多从非正规工作流动到正规工作的机会。但即便如此，有证据表明韩国的工作不稳定：2005 年在从事正规工作但在 2015 年已转入非正规工作的男女工作者比例分别为 14.68% 和 16.40%。

印度尼西亚

印度尼西亚统计局的数据与日本和韩国的数据不同，但它们也确实体现了分别在 2005 年、2015 年和 2018 年的前一年经历过工作变化的就业人数。数据显示，临时工和雇员换工作的可能性更大，分别约为 7.5% 和略高于 6%，但换工作的情况相对较少。留在原工作岗位的工作者比例很高，这表明很大一部分劳动力被困在生产力低下的部门，主要是非正式经济领域和农业，但也有低端服务业的工作。影响大多数印度尼西亚人人生轨迹的主要是非正式经济领域。印度尼西亚劳动力市场的监管可能不亚于韩国和日本的劳动力市场，但雇主在实践中很少执行书面法规，或者通过采取非正式工作制度来规避。与日本和韩国私营部门不稳定就业的工作者相比，印度尼西亚私营部门工作者的保障更少，更没有安全感。贫穷劳动力人口众多表明，印度尼西亚二十多年来经济增长的好处都集中惠及了商界的精英小群体、国家官僚机构和军队的高层。

小结

在本章，我们列出了日本、韩国和印度尼西亚非标准或非正规就业的发生率和趋势。我们发现了日本和韩国的非正规就业有所增加。在日本，男性和年轻工作者的非正规工作者人数相对增加，对于那些以前更有可能从事正规工作的人来说是一个重大变化。印度尼西亚的数据显示非正式工作持续占主导地位，这意味着对于大多数印度尼西亚人来说，工作仍然缺乏安全感，不稳定。

我们还发现，这三个国家的女性更有可能从事非标准工作。即使在日本和韩国开始引入生产高科技产品的后工业制造模式之后，工作和就业的性别差异仍然存在。造成这种情况的部分原因与就业实践中根深蒂固的性别意识形态有关，每个国家的雇主和工作者都有这种意识形态。印度尼西亚女性无偿家庭就业率较高，尤其是在农业领域，其性别差异在这方面最为明显。劳动力市场不平等的高度性别化本质在日本、韩国和印度尼西亚的发展中非常明显，这支持了我们的论点，即在决定不稳定就业发展方面发挥着重要作用的不仅是全球资本主义，还有国内制度和文化。

我们认为，每个国家的就业都存在二元性。日本的二元性历史最长，圈内人和圈外人之间的差异反映了大公司为以男性为主的工作者提供终身就业的长期雇佣模式。韩国在快速的产业变革和政治转型期间形成了不同的二元性，表现出不同形式二元性的交集。在经济高速增长的时期，大财阀的经济权力集中，由公司规模差异导致的工作者分化已经开始，1997—1998年金融危机后新政府在国际货币基金组织的压力下突然开展了新自由主义改革，导致了另一次工作者分化。1998年至2004年非正规工作者人数大量增加，劳动力市场灵活性的增强在此发挥了尤其重要的作用。相对于大公司的正规工作者，中小企业的非正规工作者劣势越来越多。对于印度尼西亚来说，二元性主要表现在非正式经济领域和正式经济领域之间。1998年苏哈托政府下台后，新的民主政府一直热衷于将该国融入全球价值链，并在正式部门创造更多就业机会。然而，事实证明要做到这一点很困难，自营职业者、家庭工作者、无合同雇员和临时工等大多数工作者仍然困在低生产率的工作中。

在日本、韩国和印度尼西亚，非正规工作的形成有很强的路径依赖性，经济利益和政治权力的相互作用通过立法和政策塑造了经济改革的方向和对劳动力市场的监管。不稳定工作的出现和日益普遍是日本经济衰退或韩国和印度尼西亚经济危机条件下政治行动者所做政策抉择的经济后果。后《广场协议》时期的劳动法改革强化了日本持续存在的性别差异所带来的不稳定性，而印度尼西亚非正式经济领域普遍存在的不稳定性因正式经济领域新出现的不稳定性而加剧。在韩国，随着财阀开始对国民经济施加更大的控制权，不稳定因素主要集中在中小企业中受教育程度低的女工等经济弱势群体中。

　　本章讨论的非正规工作是否造成了不稳定就业，取决于在不同类型的就业形式中工作者可获得什么社会和经济保障。如果关键保障措施（如失业保险、健康保险和其他经济保障来源）能普遍实施，临时工作也没那么糟糕。在下一章中，我们将研究正规和非正规工作者在经济状况和社会保障方面的不平等。

第5章

不稳定的工作、工资和社会保障

非正规工作者可能比正规工作者更容易陷于困境，这不仅因为他们缺乏社会和法律保障，还因为他们经常要在危险条件下工作。这种情况在全球各地都有，并因新型冠状病毒肺炎疫情而变得更明显，它揭示了非正规就业的规模。工作者的脆弱性被放大了，由于需要谋生，他们在决定要不要继续暴露在潜在不健康环境下工作时几乎没有选择余地。例如，在日本，新型冠状病毒肺炎疫情暴露了对非正规工作者的歧视：

> 在新型冠状病毒肺炎疫情危机期间，（一名孕妇的）同事由于是正式员工，可以在家中工作。但这名妇女是临时工，尽管她向公司、她的劳务机构甚至政府提出请求，但她仍被告知要到公司继续上班。"我对这种待遇很不满意，但我无法强烈地表达我的诉求，"这位女士说，她的合同每三个月续签一次。"我担心如果我这样做，公司会终止我的合同。"

在韩国，兼职工作者也受到歧视：

由于新型冠状病毒肺炎疫情暴发，学校和幼儿园开学的日子已被推迟，但幼儿园和小学的课后托管班照常开放。这些托管班的运营和安全完全由兼职老师负责。尽管疫情在蔓延，但这些老师在恶劣的工作环境中并没有得到足够的保护。托管班教师是典型的学校非正规员工。他们放学后在教室里照看孩子。由于开学延迟，大多数学校的正规教师和工作人员都决定不上班，但托管班教师必须去学校上班。

在印度尼西亚，Gojek 和 Grab 等网约车应用为数百万人提供了工作，但新型冠状病毒肺炎疫情危机导致工作量减少，从而导致收入减少。苏珊提（Susanty）和马克尔（Makur）解释说：

摩托车出租车司机可能只是印度尼西亚 7049 万非正规工作者的冰山一角，非正规工作者在该国就业者中占一半以上，在疫情驱动的经济衰退中被认为是最脆弱的人群。这些工作者没有注册，不受监管，且未受到适当社会安全网的保护。

被政府归类为非标准、非正规和非正式的工作者的就业不稳定性反映在劳动力市场内部报酬相对较低，劳动力市场之外缺乏社会保障上，无论是老板、政府或两者共同提供的保障都不充足。这种双重不稳定不是暂时的。相反，正如我们将要讨论的，它嵌入了亚洲从有限的社会福利到教育和培训机会、医疗保健等一系列社会机制中。尽管日本、韩国和印度尼西亚的社会保障制度化水平各不相同，但在每个国家，为那些被排除在正规或标准工作之外的人制定适当社会福利的努力都因生产主义的福利观念而受到阻碍。

有偿工作是这三个资本主义国家人民的主要收入来源，它通常是主要的谋生手段。这意味着从学校到工作的过渡是一个重要的人生里程碑，影响着家庭的组成和幸福。正如我们所讨论的，在20世纪90年代新自由主义政策产生影响之前，日韩雇佣合同的规范形式是标准雇佣关系或正规雇佣关系。这代表了在雇主那里找到一份稳定的工作，享有法定福利和权利，并期望可以被无限期雇用。基于西方经验的主流经济发展理论的一个基本假设是，工业化会让此类常规就业扩大，促进家庭和社区的经济安全，它可以让工作者能够离开低生产力的农业，并进入工业部门。然而，不稳定就业形式的兴起重塑了原已分化的劳动力市场，产生了新的裂痕。

在全球范围内，尽管一小部分非正规工作者可以获得高收入，但许多非正规工作者工资低，社会保障有限或根本没有。这种情况同样出现在日本、韩国和印度尼西亚。事实上，在印度尼西亚，只有少数正式部门的部分工作者可以正规就业。印度尼西亚的情况对主流经济解释提出了挑战，因为该国几十年来虽实现了高速经济增长和城市化，但不稳定就业仍占主导地位。此外，在日本和韩国，不稳定就业已经扩大，它们同样在挑战经济发展的正统模式和受新自由主义影响的政策。

本章我们将讨论不稳定工作安排与工资、社会保障以及贫困和不平等之间的关系。

工资

在日本、韩国和印度尼西亚，即使在控制了工作时间、人力资本和其他生产力相关因素的影响之后，非正规工作者的平均工资也仍低于正规工作者。然而，非正规工作者受到的不平等对待因性别和年龄而异，这取决于各种社会、文化、政治和经济因素，包括每个国家劳动力市场的性质。

正如第 4 章所讨论的，雇主利用各种形式的不稳定工作来为公司提供更大的灵活性，降低成本和最大化收入。在某种程度上，总就业成本的降低是通过剥夺员工应得的利益来实现的。雇主还通过使用各种非正规员工（包括临时工和兼职工人）来显著降低成本。当然，雇主的成本优势取决于正规和非正规工作者之间的工资差异，以及住房福利或奖金等其他附带福利。

日本

日本于 1959 年制定了最低工资法。到 2019 年，最低工资为每小时 901 日元（约合 8.19 美元），这是从 2005 年的 668 日元逐渐涨上来的，当时约合 6.08 美元。尽管日本工商会（Chamber of Commerce and Industry）声称这个工资水平将让许多小企业破产，但在扣除税款和法定扣除额后，该工资水平仍低于政府计算的单身家庭生活工资。最低工资数据显示，尽管最低工资已从 2000 年全职工作者平均工资的 28% 增加到 2019 年的 38%，但在经合组织国家中仍然较低。

最低工资有两种类型：地区最低工资和特殊最低工资。地区最低工资由每个都道府县制定，自 2007 年起适用于每个都道府县的所有行业和工作岗位。每年夏天，厚生劳动省咨询委员会中央最低工资委员会都会建议 47 个都道府县的最低工资根据收入、生活成本和其他因素分为 4 个等级。中央委员会的建议随后为都道府县工资委员会采纳，决定每个都道府县的实际最低工资。此最低工资不包括通勤津贴、额外付款（例如假期和夜间工作以及加班费）、公司奖金和小费。特殊最低工资适用于特定行业。随着地区最低工资标准覆盖面的扩大，特殊最低工资的覆盖范围已经缩小。特殊最低工资是在地区最低工资确定之后确定的。因此，特殊最低工资成为各都道府县跨行业最低工资的额外调整。

然后，最低工资被纳入雇主确定工资的方式中。在企业谈判的背景下，工资确定涉及三个基本机制。一种是自动定期加薪，由雇佣公司提供，无须谈判。日本公司的工资制度将这些定期加薪纳入月工资中。第二种机制超越了企业，被称为春斗（shunto），即春季工资攻势。通过有组织的过程决定每年的工资涨幅，工作者和工会同步进行年度集体劳资谈判，以克服企业工会薄弱的议价能力。第三种机制是奖金支付系统。加藤（Kato）发现，在 21 世纪初期，97% 雇用 30 名或更多员工的公司会每年两次向正规员工发放奖金。奖金可以达到正常工资的四分之一或更多。

经合组织估计，2015 年正规员工和非正规员工之间的工资差距为男性 45%，女性 31%。表 5-1 包含了更多信息，比较了男性和女性正规工作者以及男性和女性兼职工作者在过去约 20 年内的小时工资水平。[①] 首先要观察的一点是，女性的工资在

---

① 如第 4 章所述，日本的非全日制工作是指不赋予正规工作者权利和福利的就业状态，不一定直接与工作时间相关。

整个时期都低于男性，范围从低四分之一到低三分之一不等。再看正规和兼职工作的小时工资水平时，差距就更大了。男性兼职工作者的收入仅为男性正规工作者工资的50%~57%，并且低于女性正规工作者的收入。女性和男性兼职工作者之间的差距要小得多，但男性的小时工资在这段时间内仍然比女性高出4%~6%。女性兼职工作者的小时工资仅为正规男性员工的44%~53%。随着政府试图增加非正规工作者的工资以促进消费并摆脱长期的通货紧缩，这些差距一直在缩小，但雇用非正规劳动力的雇主可以节省资金，这显而易见，且数目可观。

表 5-1　按性别划分的日本正规工作者和兼职工作者之间每小时工资差距
（占男性正规工作者工资的百分比）

类别	占比（%）				
	1999 年	2005 年	2010 年	2015 年	2018 年
男性正规工作者	100.0	100.0	100.0	100.0	100.0
女性正规工作者	66.5	68.0	71.6	66.9	75.5
男性兼职工作者	50.8	52.3	54.4	55.8	57.4
女性兼职工作者	44.0	46.1	49.2	50.9	53.4

资料来源：厚生劳动省，《工资结构基本调查》（各年）。
注：不包括年度奖金，因此实际差距可能大于表中所示。

　　正规工作者和非正规工作者的工资不仅因性别而异，而且因年龄而异。女性正规工作者的收入从未超过男性正规工作者，但仍高于男性和女性非正规工作者。图5-1显示，2017

年男性正规工作者的工资水平在各个年龄段都大幅上升，直到他们进入 50 岁中段，之后开始下降。这并不出人意料，因为日本公司长期以来一直奖励较长的工作年资。从事正规工作的女性工资水平情况类似，尽管女性的工资增幅要小得多，下降的幅度不那么明显。即便如此，在收入高峰期，男性正规工作者的收入仍比女性高出约 45%。然而，无论年龄多大，男性和女性正规工作者的收入总是高于从事非正规工作的同龄人，并且差距一直扩大到 50~59 岁。

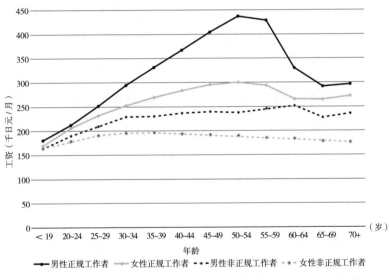

图 5-1　正规工作者和非正规工作者之间按性别和年龄划分的月工资差距，日本，2017 年

资料来源：日本妇女赋权和多元化管理研究所（2018 年）。

这些模式反映出按性别划分的资历工资制度在男性和女性、老年男性和年轻男性，以及正规工作者和非正规工作者之中，都有利于前者，它还说明资历长对男性和女性都有好处，但从统计数据来看，男性正规工作者的收入总是高于他们的女性同事。尽管女性正规工作者的工资有所增长，但增幅仍低于男性，并且在收入高峰年显著低于男性。对于非正规工作者来说，与资历相关的工资增长要少得多，而对于女性非正规工作者来说，她们在 35~39 岁时达到工资峰值，此后开始下降。

图 5-1 还显示，与男性非正规工作者相比，女性非正规工作者在工资方面处于劣势，非正规女性工作者的工资水平在所有年龄段的工资数据中都最低，因此具有双重劣势。

如果考虑到社会福利工资，正规工作者和非正规工作者之间的差距会进一步扩大。雇主在自愿（非法定）的基础上会提供许多额外福利，但几乎仅限正规工作者，这些福利可能包括带薪假期、住房补贴、医疗保险、通勤费用、带薪休假、文化及体育和娱乐活动门票、红白喜事红包。2015 年失业保险、医疗保险、养老金等社会保障金几乎适用于所有正规职工，但每种保险只涵盖了 60.6%、37.6% 和 35.3% 的临时工，退休津贴和奖金等其他附带福利也存在相当大的差距。

社会福利工资数据也仅限于大公司才有，但一般认为也只有这些公司的福利最为丰厚。由于国家福利没有得到很好的发展（参见后面的讨论），公司会提供非法定的福利来激励正规工作者，这进一步扩大了正规工作者和非正规工作者之间的差距。

韩国

韩国的最低工资的依据是 1986 年 12 月颁布并于 1988 年 1 月实施的《最低工资法》。最初，该法仅适用于拥有 10 名或更多员工的制造企业的员工，直到 2002 年才适用于所有正规员工。1988 年中期，覆盖范围扩大到矿业和建筑公司。1999 年适用范围再次扩大到所有拥有 5 名或以上员工的公司，并在 2000 年扩大到包括所有公司和工作场所，由最低工资委员会设定最低工资标准。近年来，适用范围覆盖了《劳动基准法》所定义的所有员工，无论他们的就业状况是正规还是非正规，也不论国籍。与日本不同，韩国的最低工资没有地区或行业差异。数据显示最低工资已从 2000 年全职工作者平均工资的 24% 上升到 2019 年的 49%。

但是，和日本一样，如果企业的职工组成工会，企业谈判就决定了实际支付的工资和津贴。在 1987 年工人运动以及随之而来的合法工会主义和最低工资立法得到巩固之前，政府制定了工资指南，公司根据该指南支付工资。在实践中，公司决定支付多少工资，这有时被称为"雇主的暴政"。随着集体谈判的出现，工资主要是通过各个企业层面的谈判来确定的。

然而，即使在此之后，由于工会密度低，这种工资谈判过程也主要局限于大公司，大公司的职工最有可能被组织起来。这意味着在大多数工作场所，工资是由每个企业或工作场所的劳使协议会（LMC）确定的。劳使协议会是韩国军政府于1980年引入的。它的成员包括在每个拥有100名或更多员工的工作场所的劳工和管理层代表，旨在促进管理层与劳工之间的合作。1997年，在有30名或更多员工的工作场所，劳使协议会成为强制性组织。即使集体谈判增加，管理层仍主导工资决定权，尤其是在那些没有工会的公司中，管理层会通过劳使协议会来实现这一目标。在如此复杂的工资制度下，固定工资、各种津贴和奖金通过工资谈判来决定，并与日本一样遵循资历制度。但是，日本和韩国的资历制度不同。

韩国的工资状况在三个主要方面与日本不同。第一，在韩国，工龄工资溢价较早达到峰值，男性正规工作者在40多岁达到峰值，而不是像日本那样是50多岁。随后的下降幅度相对较大。正规女性工作者在将近40岁时达到工资水平峰值。非正规男性工作者的峰值期较早，在40多岁，而这一类别的女性峰值来得较晚，但从本质上讲，他们的工资并没有任何实质性的年资溢价（见图5-2）。

第二，男性正规就业和非正规就业之间的工资差距大于女性。与正规就业的男性相比，非正规男性工作者的工资劣势

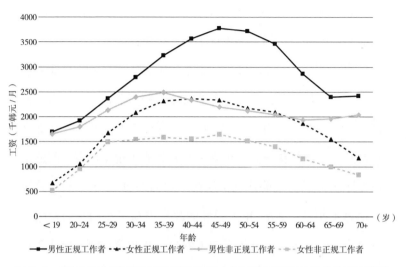

图 5-2　韩国正规工作者和非正规工作者之间按性别和年龄划分的月工资差
距，2016 年

资料来源：根据韩国统计局的数据改编及计算而来（2016 年）。

在 40 多岁和 50 多岁的男性中尤为明显。除 20~24 岁年龄段之
外，非正规就业的女性收入低于非正规就业的男性。与正规男
性工作者相比，非正规女性工作者的工资要低得多。在正规工
作者中，因性别而产生的工资差距也相当大。除 20~24 岁年龄
段之外，正规女性工作者的工资远低于男性。

　　第三，男女正规和非正规工作者之间工资差距最大的是
35~54 岁的工作者。在韩国，就业类型与性别相互作用。尤其
是在年轻或非常年长的工作者中，正规和非正规就业之间以及
男女之间的工资差距都很小。虽然正规工作者在黄金工作年龄

的工资有所增长，但对于非正规工作者来说并没有太大变化，这显示出劳动力市场上非正规工作者的贫民化。

由于 2006 年 11 月 30 日韩国政府立法对非正规就业展开了监管，再加上非正规工作者的持续抵制，非正规工作者的比例自 21 世纪头十年的后期以来一直没有增加。然而，在保守党及其联盟党派执政时，正规工作者和非正规工作者之间的工资差距扩大了。由前总统李明博（2008—2012 年）和前总统朴槿惠（2013—2017 年）领导的政府推动了有利于商业的经济政策，同时限制了有组织劳工的政治和政策空间。保守派政府推行的强有力的反劳工政策让管理层在与工作者和工会打交道时更加气势汹汹，一些雇主还试图回避工资谈判。

尽管在各种规模的公司中普遍都有雇用非正规工作者的现象，但这种情况尤其高度集中在较小的公司中。这些公司支付的工资通常较低，而且它们的劳动力流动性比大公司更大。2016 年，非正规工作者的比例在员工人数少于 5 人的公司中超过了 46%，在员工人数为 5~29 人的公司中超过 25%，在员工人数为 30~299 人的公司中，这一比例接近 20%，在有 300 多名员工的公司中约为 15%。在使用非正规工作者方面，66.9% 的小企业倾向于雇用临时工，他们约占员工总数的三分之二，而近 15% 的大企业使用固定期限工作者，13% 的大企业使用临时工。

印度尼西亚

印度尼西亚的最低工资是在新秩序时代早期引入的，但实际上仅限于国有部门和一些大公司的正规工作者。在20世纪90年代初期，在劳工权利活动家、民间社会组织和非政府组织的压力下，同时为了响应国际上提高和改善出口导向型工厂工资和工作条件的要求，新秩序政府发出大幅增加工资最低工资的指令。从那时起，最低工资一直是每年设定一次。

改革导致最低工资设定发生了重大变化。最初，最低工资标准由劳工和安置部（Ministry of Manpower and Transmigration）统一制定。2001年，在实行区域自治后，工资设定权下放给省级政府。各省设定最低工资下限，地区工资委员会根据省的下限设定最低工资水平。大约15年来，由政府、雇主和工会代表组成的工资委员会成为工资谈判的焦点。这种关注的产生是因为工会和工作者在企业和部门层面势力较弱，而选举政治允许工会影响地区政客及其运作机制。工作场所的工会薄弱导致最低工资成为集体谈判协议的基础，这样的谈判通常只是确立了法律已经要求的最低工资。

后来维多多政府与技术专家和雇主合作开发了一个新体制，这种情况发生了变化。从2016年开始，省、区、市最低工资水平每年一调，以反映全国居民消费价格指数和GDP的变化，省级体面生活需求最低指数（Minimum Decent Living

Index）是一个工作者生活费用的最低要求，它可以广泛衡量最低工资是否能让工作者过上"体面的生活"，这一指数被用作最低工资增长的基准。到 2018 年，月最低工资介于日惹的145 万印尼盾（约合 100 美元）和雅加达的 365 万印尼盾之间，这些工资水平与最低体面生活指数基本一致。这意味着那些领取法定最低工资的工作者生活状况依然堪忧，总是接近贫困状态。2019 年的数据显示，印度尼西亚法定最低工资约为全职工作者平均工资的 35%。

然而，重要的是要认识到，尽管政府和工会都采取了重要的举措，但获得最低工资的工作者相对很少。总就业人数中只有 45% 做的是有偿工作，世行估计，只有五分之一有工资的人工资收入高于最低工资。这表明领取最低工资的工作者数量有所下降，而且这一趋势仍在继续。例如，2006—2015 年，收入低于最低工资的正规员工的比例有所增加。世行倾向于支持这一观点，称"即使是更富有的正式员工，不遵守最低工资的情况比例也很高"。事实上，大约三分之一的印度尼西亚员工没有签订工作合同，其中包括约 20% 的高薪工作者。

因此，尽管正式部门的工作者努力获得最低工资已经很艰难了，但非正式部门的工作者的工资更低。非正式部门在城市地区雇用了超过 50% 的工作者，在农村地区雇用了大约70% 的工作者。工资数据显示，被归类为"员工"的工作者平均工资最高。2015 年，与员工工资相比，自由账户工作者的平均工资仅为正规员工的三分之二，而临时工的收入则更低，农业领域以外的临时工平均工资仅占正规员工的 60%，农业部门临时工的工资仅为正规员工的三分之一（见图 5-3）。这意味着工作者被困在非正式工作中，工资较低，贫困家庭仍然贫穷，没有保障。

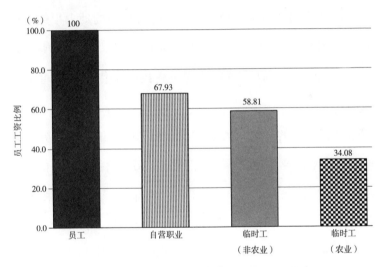

图 5-3　工资差异指数，印度尼西亚，2015 年

资料来源：印度尼西亚中央统计局（2015）。

积极的劳动力市场政策和计划旨在促进印度尼西亚工作者的技能和生产力，但此类计划缺乏实质，反而在一定程度上维持了正规和非正规工作者之间的工资差距。尽管近几十年来基础教育有所改善，但许多来自农村和其他贫困家庭的人进入劳动力市场时缺乏基本技能。离开学校后，或在两份工作之间的空档期，工作者几乎没有机会发展自己的技能。根据世行的数据，在 19~24 岁的人群中，只有不到 1% 的人参加过工程、信息技术或语言方面的培训课程。有限的在职培训加剧了无法提高技能的情况。大多数公司都是中小型企业，所有者和管理者一般认为这种培训成本太高。另外，由于大多数就业机会都在低技能和低技术领域，工作者提升技能的动力很低。事实上，如果看看国家举措，主要强调的是"生活技能"和"创业精神"，这似乎强化了优质高技能工作可遇不可求的观念。

享有福利的员工与大多数没有福利的员工之间的分化加剧了印度尼西亚的高度不平等，大多数劳动力仅能从事低工资工作，主要是在非正式和其他低生产力部门。工作者有限的议价能力也加剧了不平等，大多数工作者都不是工会成员。尽管印度尼西亚在后改革时代加入了大量的国际组织并颁布了许多劳动法规，但集体谈判在决定工资和其他就业条件方面的作用很小，而且还正在下降，2013 年仅约有 5% 的注册公司签订了集体谈判协议。这些协议中的大多数只是"将第 13/2003 号劳动法中的最低要求转化为企业协议"。

社会保障

许多国家引入了社会保障制度，以降低工作者无法谋生时个人和家庭生活恶化的风险。成为国家福利体系基础的现代社会保障形式于 19 世纪后期首次在德国引入。由于早期在工业资本主义下控制贫困化的努力归于失败，19 世纪的政治革命以及有组织劳工运动的兴起以及随之而来的挑战带来了新的理念。正如彼得·鲍德温（Peter Baldwin）对欧洲福利国家的出现所解释的那样："福利国家背后的斗争暴露了现代社会的结构和冲突。群体之间为再分配优势而持续存在的争议以及就团结力量的争夺，迫使人们就社会契约不断重新谈判。"

当代社会保障有两个主要部分。第一部分是对劳动力市场风险的保障，包括失业救济金和遣散费。失业救济金或保险是一个安全网，包括收入支持和其他促进就业保障的措施。遣散费通常在非自愿终止就业后一次性支付，旨在缓解与收入损失相关的问题，并在某些情况下支持就业（再）培训。第二部分是针对生命健康风险的社会保障。这些保障包括健康保险及老年和残疾抚恤金。在福利制度中，此类保障措施通常由国家或私人出资（由雇主和工作者缴纳），或两者兼而有之。

总体而言，与西欧相比，亚洲的社会保障发展较为落后。在欧洲，基本的社会福利计划大多随着"二战"后的重建而大大扩展，并在 20 世纪 60 年代福特主义时代进一步扩展，当时劳工组织了起来，并经常由促进全民福利保障的劳工党代表们表达意愿。在亚洲，只有日本在 20 世纪 60 年代后期达到了与西欧相似的经济发展水平，韩国在 20 世纪 80 年代后期赶上，印度尼西亚在 2020 年成为中高收入国家，尽管在新型冠状病毒肺炎疫情期间增长放缓，这一地位受到了挑战。与欧洲的情况一样，日本、韩国和印度尼西亚的福利创新往往在民主政府时期以及工会和支持劳工的政党最活跃的时期取得进展。然而，在冷战、大公司主导以及新自由主义化扩张的背景下，该地区的社会政策呈现出一种独特的方法，何立仁称之为生产主义道路，也把它叫作东亚社会福利模式。正如第 1 章所讨论的，在这种模式下，国家经济政策对社会政策具有影响力，这表明权力平衡有利于商业而不是劳动力。事实上，为了支持投资，东亚社会福利模式将税收水平保持在较低水平，从而限制了社会福利的支出。

由于生产主义福利强调由个人、家庭和企业管理自己的福利，因此，在社会保障计划已经发展起来的地方，亚洲的福利计划在很大程度上是对解决因经济危机而产生的社会问题所做出的适应性反应，在日本则主要是针对变化的人口模式。此类计划通常以就业为基础，雇主和员工都需要缴费。这加强了雇主的权力，并将工作者与他们工作的公司捆绑在一起。当有就业保障计划时，这些计划可以推动失业者迅速重返劳动力市场。例如，在日本和韩国，这些福利是在受助人积极寻找工作和接受职业培训的条件下提供的。在印度尼西亚，遣散费是为了在下岗工人寻找新职位时对他们提供帮助，但它把寻找新工作的责任放在了失业者身上。

这种生产力主义的东亚社会福利模式意味着，当我们把日本和韩国与其他经合组织国家2006—2010年失业救济金的平均水平作比较时，尽管前者排名比美国靠前，但与大多数欧洲国家相比，它们的排名都较低。印度尼西亚提供丰厚的遣散费，但仅适用于相对较小比例的工作者，大多数雇主不支付遣散费。印度尼西亚最近几年才有失业保险，它尚未被纳入在经合组织数据库中，但我们可以假设印度尼西亚失业保险的金额排名较低。

表5-2将日本、韩国和印度尼西亚与其他7个国家的公共社会福利支出总额的趋势做了比较。在2000年之前，这3个（亚洲）国家公共社会福利占GDP的百分比普遍低于另外7个国家。然而，这些比例近年来有所增加。2018年，日本在社会福利上的支出相当于GDP的近22%，超过了除瑞典、法国和德国之外的所有国家。自1980年以来的大幅增长主要反映了针对人口快速老龄化、低出生率和低经济增长的支出。日本大约70%的社会保障福利总额用于老年人。日本的养老金

支出占公共支出的最大比例，在 1980—2017 年增加了 7 倍以上。日本福利支出比例提高也反映出自民党在努力发展一种福利侍从主义，通过这种形式为选民提供福利，促进选票和福利之间的交换关系。1990—2017 年，日本在积极劳动力市场计划上的支出减少了 55%，反映出生产力福利模式对失业的被动反应，并很少强调提供可用于新工作的可迁移技能（培训），这反映出用于技能培训和其他积极劳动力市场政策的公共资金相对较少。

表 5-2　公共社会支出占 GDP 的比例（%）

国家	1960 年	1970 年	1980 年	1990 年	2000 年	2018 年
日本	3.4		10.0	10.9	15.4	21.9
韩国			2.7	3.1	4.5	11.1
印度尼西亚					2.0	2.7
瑞典	10.4	27.2	24.8	27.2	26.8	26.1
法国	12.0	24.3	20.1	24.3	27.6	31.2
德国	15.4	21.4	21.8	21.4	25.4	25.1
美国	7.0	13.2	12.8	13.2	14.3	18.7
巴西				18.9	12.5	16.7
南非						8.7
土耳其			2.2	3.8	7.5	12.5

资料来源：经合组织（2000，2019d）；经合组织，社会支出数据库（SOCX）；克莱门茨（1997:13）。

注：公共支出总额包括各类社会政策支出，如养老金、劳动力市场计划、家庭福利计划和失能福利。空白单元格表示数据不可得。

韩国政府的社会福利支出占 GDP 的比例一直低于日本政府，但与日本一样，韩国的福利支出在 21 世纪初开始增加。具有讽刺意味的是，国际货币基金组织在 1997—1998 年经济危机之后在扩大社会保障方面发挥了重要作用，为金大中政府提供了社会安全网的政策指导。这些政策举措也是对抗议所做出的回应，抗议的人都是失业者和被盘剥者等受新自由主义改革负面影响最大的人。选举也带来了社会政策的竞争，公民社会组织要求福利创新，政党做出回应。然而，如表 5-2 所示，与其他国家相比，韩国的福利支出仍然很低。

印度尼西亚的福利支出仍然很少，但自 2000 年以来有所增加。尽管政府引入了新的福利计划，并扩大了现有的福利计划，但由于有缴款要求和准入限制，社会支出仍然受到限制。例如，国家限制特定贫困群体加入福利计划。

日本

日本的社会保障体系反映了其劳动力市场的状况，两者都高度分化。此外，健康保险和养老金等福利与失业保险挂钩。因此，那些无法充分享受失业保险的人很可能无法获得其他社会保障。劳动力市场和社会保障的分化也导致社会生活的分化，加剧了就业状况造成的分层。换言之，日本的社会保障计划助长了 21 世纪不平等和贫困的加剧，引发了关于格差社会（即"社会分化"）的辩论。

在 20 世纪六七十年代制定福利条款、规定的是大公司而不是国家。直到 20 世纪 90 年代，这些福利都还主要限于正规工作者。直到 20 世纪 70 年代中期，全日本的公司所需支付的法定福利支出总额才超过大公司之前自愿为每位正规工作者支付的公司福利支出。在 20 世纪下半叶，国家福利体系仍然不完善。公司福利制度激励正规工作者保持对公司的忠诚。此外，这种制度意味着企业工会不太关心企业外部人员的社会福利。这意味着对公司福利的依赖扩大了正规和非正规工作者之间的差距。尽管公司福利一直在减少，国家支出一直在增加，但大公司的正规工作者仍可以比非正规员工获得更丰厚的公司福利。

到了 20 世纪七八十年代，国家福利支出已经覆盖了退休和健康保险，但由于公共部门和私营部门之间以及大公司、小公司和自营职业者之间的区别，它的覆盖并不平等。工作者享受国家福利受到限制：每周工作少于 20 小时的失业者、预计工作时间不会超过 31 天的临时工以及实习生被排除在大多数福利保障体系之外。失业保险主要限于正规工作者。只有在离职前的过去两年中至少工作了一年的失业者才能获得失业救济金。领取失业救济金需要工作者在离职前至少缴纳了 6 个月的就业保险，并要求他们积极寻找工作，并且必须等待 7 天才能领取失业救济金。当然，这样的要求是对非正规工作者的歧视。非正规工作者在职业生涯中面临的不利条件在未来会更加复杂，这是因为他们在退休后往往没有退休金，没有养老保险的人在退休后更有可能生活在贫困中。

图5-4显示，正规工作者在健康、失业和养老金福利方面几乎是全部被覆盖的。它还表明在2003—2014年，参加这些社会保障计划的非正规工作者比例仅略有增加，尽管三分之一到二分之一都未被覆盖。遣散费是一项非强制性福利，通常是公司福利的一部分，非正规工作者基本上无法获得，只有十分之一的人能领取到。员工接受培训的情况也类似，这表明非正规工作者在受雇期间很少能提高技能。

获得社会保障显然很重要，但可获得福利的水平和持续时间也很重要。在日本，领取失业救济金的持续时间取决于3个因素：年龄、失业人员缴纳就业保险的时间以及再就业的难易程度。失业人员领取失业救济金最短需要等待90天，最长300天。额度参照每日工资，即过去6个月的每日平均工资，不包括奖金。

随着日本实施新自由主义改革，社会保障也发生了变化。小泉政府（2000—2006年）启动了国家固定费率基本养老金改革，将养老金替代率从2005年的近60%降低到了2023年的50%。与此同时，政府增加了符合条件参加社会保障计划的工

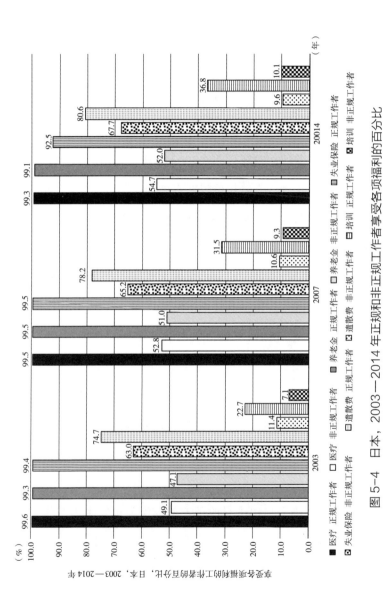

图5-4 日本，2003—2014 年正规和非正规工作者享受各项福利的百分比

资料来源：厚生劳动省（2015 年）；恩珠（Eun）等人。

作者的缴纳金额，由员工和雇主共同支付。

安倍政府（2012—2020年）与企业合作共同提高劳动力市场的灵活性。这包括通过放宽解雇规则进一步放开劳动力市场。在此之前，如果雇主有不公平解雇的情况，必须将工作者恢复原职，安倍进一步放开劳动力市场之后，雇主便不再有此义务，这一措施首先在新建立的战略经济特区执行，后来推及全国。2018年7月29日，安倍政府通过《工作方式改革法案》（*Work Style Reform Bill*）引入了更全面的新自由主义劳工改革，通过了8项法律，包括《劳工标准法》和《工业安全与健康法》。

韩国

1997—1998年的金融危机导致公司破产激增，劳动力市场动荡，大量工作者失业。失业人数从1997年10月的45万人增加到1999年2月的178万人，官方失业率从2.1%上升到8.6%。这种大规模的失业显然给那些失业的人带来了相当大的困难，同时也影响到了在岗工作者。因为工资停止上涨，规章制度也发生了变化。

在国际货币基金组织要求的自由化指导下，国家应对危机的政策是加强社会保障，为失业人员和在随后的经济重组中失业的人提供安全网。措施之一是扩大失业救济金覆盖面。国际货币基金组织明白，当政府实施增强劳动力市场灵活性的政策时，失业保险对于遏制潜在的社会动荡是必要的。1995年推出的失业保险适用于拥有30名或更多员工的公司的工作者，1998年迅速扩大到覆盖大多数工作者。失业救济金设定为失业前工资的50%，发放期为90至240天。与日本的失业保险类似，韩国失业保险的给付由三个因素决定：年龄、失业保险的登记期限和失业前的工资水平。这种失业保险本质上是一项福利给付计划，以接受者积极参与培训和求职为条件。在实践中，这种失业保险事实上排除了相当数量的非正规工作者，例如兼职工作者、临时工或在建筑业做零工的工作者。该计划也是缴费型的，这意味着小雇主和低工资工作者都不愿意缴费，因为他们认为保险费用在困难时期是额外的税收负担。结果是失业保险的覆盖率从1995年12月的98%下降到1999年5月的70%。

经济危机之后，韩国引入和扩大了其他社会保护措施。2002年，约70%的正规工作者拥有医疗和养老保险，几乎三分之二的人可以获得遣散费。失业和工伤保障覆盖率较低，为50%~60%。到2018年，各项保障的覆盖率都提高到了90%以上。然而对非正规工作者来说，情况就大不相同了。2002年，所有社会保障的覆盖率很低，仅为10%~13%。到2018年，健康和养老保险覆盖率分别增加到44%和35%，大约40%的非正规工作者可以获得遣散费以及失业和工伤保障。尽管非正规工作者的覆盖面有所扩大，但非正规工作者和正规工作者之间仍然存在很大差距。事实上，在覆盖范围仍然有限的情况下，许多非正规工作者的生存越来越不稳定。

工伤保险是韩国历史最悠久的社会保险之一，由军政府于1963年推出，旨在保护在矿业和制造业500人或以上的公司的工作者。当韩国于1996年成为经合组织成员国时，该国不得不满足经合组织关于工伤的规定。2000年，这样的保险扩展到除自营职业者以外的所有工作者。不过总的来说，在报工伤方面仍然存在抑制因素。如果公司有一些工伤记录，就不利于公司赢得政府合同。该规则导致一些公司利用各种手段来瞒报与工作有关的事故和工伤。此外，雇用劳务派遣工可以减少工伤报告，因为对这些工作者的工伤事故担负法律和财务责任的是代理公司。这加剧了将高风险工作外包的趋势，增加了非正规工作者受伤的案例，因此引发了抗议。

印度尼西亚

印度尼西亚的社会福利要素在1997—1998年金融危机之前就存在，但保障范围狭窄且有限，主要涵盖政府员工，包括国有企业以及私营部门少数大公司的员工。经济危机之后，特别是在随后的民主政治时期，为应对失业和贫困的加剧，作为政治和政策回应的社会福利出现了。

印度尼西亚 1945 年的宪法确立了公民受教育、就业、享受医疗服务和维持基本生计的权利。在实践中，直到 20 世纪后期，在实现这些目标方面也几乎没有取得任何成果。在其统治 30 年的大部分时间里，新秩序政权本质上是生产主义的，它专注于促进经济增长，并希望快速增长能够带来就业增长并减少贫困。它对社会政策仅有的关注是在更广泛的地域里建设学校和提供卫生服务。苏哈托政府在任期间确实通过了几项法律，要求包括国有企业、军队和警察在内的国有用人单位为员工提供健康保险、工伤事故赔偿、养老保险和死亡抚恤金。这些计划覆盖的劳动力不到 10%，他们忽视了大多数私营部门的工作者，并排除了大多数在农业领域和非正式经济领域工作的工作者。健康保险试点计划在 1960 年左右开始实施，但成果不显著，而且大部分都只提供给政府员工。20 世纪 90 年代，国家开始发展一些更大规模的福利计划。1992 年，国家为正式经济领域的工作者引入了缴费型工作者社会保障（jamostek），它包括健康保险、工伤事故险、养老金和死亡抚恤金。到 1997 年，缴费型工作者社会保障覆盖了不到一半的正式经济领域的工作者。1994 年推出了第一张健康卡（kartu sehat），旨在为贫困家庭提供社区卫生中心的免费医疗服务和地区医院的转诊服务。

金融危机袭来时，政府最初的反应是扩大现有的农村创造就业计划等国家保障计划，同时维持分配给教育和卫生的预算。然而，危机引发了经济深度衰退，需要更多资金投入。国际货币基金组织和世行也提出了更多要求，认为它们想要的经济自由化"无法在印度尼西亚脆弱的政治环境中实施，除非首先实施补偿性计划"。到1998年年底，政府宣布了一系列计划，旨在为受危机影响的人加强社会安全网。这些计划提供了补贴大米、贫困家庭儿童奖学金、保健中心和学校经费、儿童营养补剂，并通过政府工程继续创造就业机会，以及为村级发展项目提供资金。在21世纪头10年初期，政府颁布了几项法律和法令来支持贫困家庭的儿童。例如，第20/2003号国家教育法包含为穷人提供奖学金的规定。由于政府资金捉襟见肘，一些新计划得到了双边和多边合作伙伴的支持。

随着这些计划的资金逐渐被纳入国家预算，政府开始第一次认真考虑将现有计划整合到国家福利体系中，即第4/2004号《国家社会保障法》（*National Social Security Law No. 4/2004*）。尽管在危机后展开了大量工作，但到21世纪头10年中期，贫困现象并没有显著减少，而且随着经济自由化的深入，失业率仍然居高不下，并且在年轻人中有所增加。社会安全网增加了新措施，包括向贫困家庭发放现金和为小企业提供贷款。与此同时，推动权力下放的努力让教育、卫生和其他社会部门服务的责任转移到了地方政府。重大决策仍然由中央部委制定，地方预算主要来自中央政府的分类拨款，并为针对贫困家庭的计划提供额外资金。

苏西洛·班邦·尤多约诺（Susilo Bambang Yudhoyono）担任总统期间（2004—2014年）加强了向国家福利制度转变的努力。苏西洛政府的目标之一是以减贫为目标，制定旨在提高所有印度尼西亚人福利的计划。该计划的内容包括形成超越现有临时安排的国家社会保障制度。21世纪第2个10年的主要社会保障改革包括2011年的《健康社会保障提供者法》（*Law on Health Social Security Providers*）、2014年的《社会健康保险提供者法》（*Law on Social Health Insurance Providers*）和2015年的《工人社会保障提供者法》（*Law on Workers' Social Security Providers*）。由此而来的福利制度由社会事务部、教育和文化部、宗教事务部和卫生部等多个部委实施的多项计划组成。但是，参与所有计划的资格由2005年首次开发的统一数据库确定。

印度尼西亚的社会福利制度既有缴费计划也有非缴费计划。最重要的非缴费计划是贫困人口补贴大米计划——于2018年转变为针对贫困家庭的粮食代金券计划（Bantuan Pangan Non Tunai）、针对贫困和弱势家庭学生的教育储蓄计划（Program Indonesia Pintar）和针对贫困家庭的有条件现金转移支付计划（Keluarga Harapan）。其他计划包括对部分老年人和残疾人的社会援助以及消除童工的计划。

主要的缴款计划是国民健康保险计划（Jaminan Kesehatan Nasional），以及综合就业社会保险计划。国民健康保险计划创立于 2014 年 1 月 1 日，汇集了卫生社会保障局（Social Security Agency for Health）下所有的健康保险计划。该计划是缴费和非缴费混合型计划，卫生部为贫困和弱势家庭（约占人口的 40%）支付费用。社会保险制度于 2004 年设立，汇集了为私营部门、公务员及军队和警察提供的各种就业保险计划，在全国统一的社会保障体系中提供养老金以及工伤、死亡和伤残保险。

国民健康保险覆盖面广。2017 年有近 1.8 亿印度尼西亚人被纳入其中，其中近 61% 的人得到国家或地方政府的全额补贴。其他计划的覆盖范围更有限。2017 年，贫困人口补贴大米计划覆盖了全国 6100 万个家庭中的 1400 万个，不到 23%；印度尼西亚的教育储蓄计划惠及 1900 万名儿童；其有条件现金转移支付计划仅覆盖了 600 万个家庭；有 3 万名老年人和 22.5 万名残障人士获得了额外援助。包括国民健康保险计划在内的一些计划在财务能力方面遇到了困难。税收资助或非缴费计划总共耗资 44 万亿印尼盾，约占 2017 年 GDP 的 0.35%。医疗保险投资 26 万亿印尼盾。国家对缴费计划转移支付的资金为 25 万亿印尼盾。这种国家支出水平意味着印度尼西亚在亚洲地区与巴基斯坦、孟加拉国、老挝、柬埔寨、不丹和缅甸等欠发达国家水平相当。

到 2017 年，私营部门的缴费型就业保险计划覆盖了 49.6 万家公司，成员超过 2400 万。尽管这个数字看起来很大，但覆盖率仍然很低，仅占劳动年龄人口的 15%，不包括大多数临时工、自营职业者和农业工作者。实际上，就业保险计划的大多数成员来自正式经济领域，对他们来说，加入计划是强制性的。非正规就业人员可以加入这些计划，但相对较高的缴费要求是这些工作者想要加入其中的主要障碍。

劳动力市场保障不完善加剧了非正式经济领域的工作者的不稳定状况，他们也没有得到劳动力市场政策的大力支持。被动劳动力市场政策和计划（如失业保险）作用有限。对处于劳动年龄段的人来说，最引人注目的是，社会福利体系不包括全民失业保险计划。少数员工购买了涵盖失业保险的私人养老保险。在过去的几十年里，这种失业保险计划的替代政策一直是相对较多的，包括由政府提供的遣散费。而且，根据 2003 年的立法，离职员工还可以获得其他补偿。换言之，这些福利仅限于正式经济领域和有合同的工作者，对那些没有在正式经济领域就业的人或即将进入就业市场的人没有任何帮助。然而，更重要的是，雇主会尽力避免承担遣散费的责任。正如世行所详述的那样，遣散费只能保护少数人，三分之二的工作者根本拿不到遣散费，只有 7% 有权领取遣散费的人收到了全额款项。此外，由于涉及遣散费的法规强制要求雇主存入押金以支付该计划，结果是许多雇主试图避免签订雇佣合同，这样就无须担负遣散费的责任。同样，仅有少数工作者可以领到法定最低工资。

结果是大多数工作者没有失业保障，失业时可以依靠的资源有限，使他们特别容易受到失业的影响。任何经济衰退都会让许多失业者面临贫困，不得不重返农业，依靠小买卖或大家庭的帮助。对于那些刚进入劳动力市场、安全网有限且福利保障计划覆盖率低的年轻工作者来说，情况非常惨淡。

贫困与不平等

就业可能会降低贫困风险，但并不能确保有保障和可预测的生活。即使在早已建立福利计划的发达资本主义民主国家，贫困也是有工作的穷人社会生活中常见的一个方面，而且他们就业越来越不稳定，越来越不安全。正如已经看到的，在日本、韩国和印度尼西亚，非正规工作者的收入低于正规工作者，社会保障也更少。

贫困通常在家庭层面被概念化。可能有人是从事低工资工作的，但如果他与其他工作的家庭成员住在一起，并且他们的收入有助于弥补这个人的低工资，那么这个人就仍然不会被视为穷人。正如所有贫困家庭和布拉迪（Brady）等人所表明的那样，当代资本主义经济中就业和收入的性质意味着，如果家庭中没有多个赚钱的人，则家庭更有可能陷入贫困。因此，家庭可获得的收入可能对工作者更为重要。对家庭成员来说，家庭经济没有保障比单个家庭成员的工作工资低更危险。有工作的穷人努力通过增加家庭成员的劳动力参与来获得更多的经济资源。

日本、韩国和印度尼西亚的统计局报告的贫困统计数据侧重于贫困的不同维度。尽管各种学术研究在政策方面都提到了绝对贫困和相对贫困，但日本和韩国更倾向于强调相对于贫困的衡量标准。接下来我们将用经合组织的数据作为参照讨论日本和韩国的情况，在这两个国家，相对贫困率被定义为家庭收入低于总人口家庭收入中位数 50% 的人口占比；而印度尼西亚的政策制定者使用贫困线来划分绝对贫困。在解决贫困问题时，印度尼西亚的政策制定者关注的是人类基本需求，包括食物、安全饮用水、卫生设施、健康、住所和教育。在下面的讨论中，我们将使用政府贫困线数据和世行的贫困衡量标准。

从广义上讲，不平等可以被认为是在地位、权利和机会方面缺乏平等。在本节中，我们将从收入和财富的角度讨论经济不平等。收入是指来自所有渠道的家庭总收入，归属于家庭中的每个成员。收入不平等最常见的衡量标准是基尼系数（或基尼指数），它将人口的累积比例与他们获得的收入的累积比例进行比较。基尼系数介于 0（完全平等）和 1（完全不平等）之间。财富不平等是指个人或家庭在国民经济中的资产——储蓄、金融投资和财产——分配不均。这个也用基尼系数来衡量。

日本

与许多西方国家相比，日本的贫困水平相对较高，仅次于美国，高于英国、西班牙、德国和丹麦。自 1985 年以来，日本收入低于中位数 50%（税前和转移支付之前）的人口比例持续上升，1985 年约为 12%，2015 年达到 33%。税后和转移支付后，贫困水平从 1985 年的 12% 上升到 2015 年的略低于 16%。尽管税收和转移支付降低了日益增长的贫困率，但仍有六分之一的低收入家庭。老年人贫困率特别高，76 岁及以上老年人的贫困率为 23%。

在经济长期停滞期间，贫困率有所上升。有限的国家社会保障加剧了越来越多的弱势社会群体的不稳定性，特别是非正规和老年工作者。博口将此称为"低收入群体的贫困化"。关根在 21 世纪初的著述中指出，"不仅贫困正在加剧，并通过失业影响包括年轻人在内的'一般'公民，而且现有的安全网实际上可能无法提供一个经济发达的现代国家应有的保障"。她说只有约 20% 的贫困家庭真正享受到了福利。尽管老年人和失业者的贫困程度很高，但自 20 世纪 90 年代以来，在职穷人的队伍也已经扩大。劳动力市场越来越不稳定，社会保障不足，导致生活更加不稳定，更加贫困。

表 5-3 提供了 2005 年至 2014 年不同就业类型的户主及其配偶的贫困率数据。几乎一半的非正规工作者的收入是其家庭的主要收入来源，其就业状况对家庭的经济状况和贫困率有显著影响。户主和配偶都是正规工作者的家庭的贫困程度可以忽略不计。如果双方有一人是非正规工作者，贫困程度会增加一点。当户主（主要是男性）是非正规工作者且配偶不工作时，贫困率将上升至 29%，仅略低于户主和配偶均无工作的家庭的贫困率。

表5-3　2005—2014年日本按户主和配偶就业类型划分的家庭贫困率（%）

户主	配偶			
	正规	非正规	自营职业	没有工作
正规	1	3	2	4
非正规	3	16	18	29
自营职业	3	14	12	25
没有工作	11	23	23	31

资料来源：Higuchi 等人（2016：81）。

在过去的 30 年里，日本也经历了收入不平等的加剧。以市场收入、税前和转移支付衡量的基尼系数在 1985 年至 2015 年稳步上升，从 0.345 增加到 0.504。随着时间的推移，这种上升趋势在各种研究中都有体现。不平等加剧的主要原因是劳动力市场二元性与社会和人口变化（例如贫困和单人家庭的增加）的交叠导致中产阶级收入减少，贫困加剧。

韩国

韩国收入低于中位数 50%（税前和转移支付前）的家庭比例已从 2006 年的 16% 左右增加到 2017 年的略低于 20%。税后和转移支付后的收入从 2006 年不到 14% 增长到 2017 年的 17% 以上。税收和转移支付并没有像日本那样减轻贫困，六分之一的家庭继续受到低收入的困扰。老年人口的贫困率要高得多，虽然 51~65 岁的人中贫困比例略低于 15%，66~75 岁的贫困比例超过 35%，但 76 岁及以上的贫困比例则超过 55%。韩国的不平等也显著加剧，基尼指数从 2006 年的 0.33 上升到 2017 年的 0.41。

21 世纪初，对社会两极分化的担忧变成了公众辩论的话题，日益加剧的不平等和贫困成为社会和政治问题。正如我们所讨论的，在亚洲金融危机期间和之后，对这些事态的最初政策反应受到高级官僚意识形态和政策取向的限制，同时他们因担心这些政策在危机后复苏中会降低增长率而不愿扩大社会福利。部分原因是国际货币基金组织坚持对社会福利计划给予更多关注，包括失业保险和公共援助。

新自由主义改革导致正规工作者和非正规工作者之间的不平等现象日益加剧，并显著反映在两组人群之间贫困率的差异上。2015 年，只有不到 5% 的正规工作者处于贫困状态，而超过 36% 的非正规工作者被归为贫困人口。对于就业同样不稳定的自营职业者来说，贫困率约为 25%。此外，近四分之一工作者的工资等于或低于总人口收入中位数的三分之二。

贫困与家庭的规模和类型有关。在韩国，单薪家庭很普遍，2017 年双薪家庭占所有有薪家庭的比例不到 35%。有两个以上的家庭成员有工作，额外的收入会显著降低贫困率。2017 年，双薪家庭的收入是正规就业的男性单薪家庭的 1.28 倍，是正规就业的女性单薪家庭的 1.91 倍。

图 5-5 显示了不同就业状况和家庭结构的家庭的相对贫困率。虽然 2007 年以男性正规工作者为户主的单薪家庭贫困率超过 8%，2017 年略高于 4%，但以男性非正规工作者为户主的家庭贫困率在 2007 年为 32%，2017 年约为 24% 。以女性非正规工作者为户主的家庭贫困率最高：2007 年接近 70%，2017 年超过 45%。虽然两个年份之间的相对贫困率有所下降，

但非正规工作者的贫困率仍然很高。由此可以推测，非正规工作者家庭贫困比例高是社会保障不足的结果。

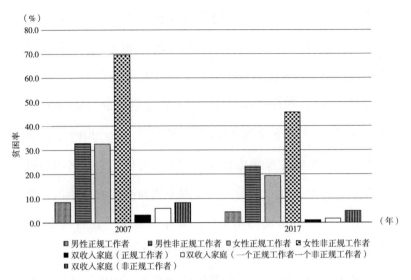

图 5-5　按就业类型划分的家庭贫困率，韩国，2007 年和 2017 年

资料来源：改编自韩国劳动和收入小组调查（KLI 2007，2017）的数据。

印度尼西亚

按照官方的国家贫困线衡量，印度尼西亚的贫困率在过去几十年里大幅下降。1980 年，贫困线以下的人口约为 28%，到 1996 年降至 15% 左右。这一减贫进展被亚洲金融危机逆转，百万计的人口重新陷入贫困。造成这种情况的一个主要原因是金融危机引发的失业大幅增加，导致许多贫困家庭的工作者从事或重新从事非正规和农业工作，这一变动意味着工资和生活水平大幅下降。金融危机期间印度尼西亚采用了新的官方国家贫困线，据此标准，1996年的贫困率估计为11.3%，1999年上升到22%的高位，到2010年下降到12%，2018年进一步降至略低于10%。2018年贫困人口接近2600万人。根据世行有关极端贫困的较低的标准（每天1.90美元，按2011年购买力平价计算），印度尼西亚的贫困人口急剧减少，从1998年的三分之二以上下降到2018年的略低于5%。2019年，官方数据显示贫困主要集中在儿童和老人群体，女性贫困的可能性大于男性，而农村居民的贫困率明显高于城市居民。此外，在危机后的劳动力市场中，青年失业率一直居高不下，25岁以下的人比其他年龄组的人更有可能失业。

随着贫困的减少，不平等反而加剧了。印度尼西亚的基尼系数从2000年的0.30上升到了2013年的0.42，2017年下降到0.39。这样的系数已经很高了，但世行认为被低估了，并认为持续的经济增长"主要的受益群体是占总人口20%的最富有的人，剩下80%的人口（大约2.05亿人）被抛在了后面"。到2014年，占总人口10%的最富有的印度尼西亚人的消费量与最贫穷的54%的人口一样多。性别不平等仍然普遍存在，它既是经济不平等的驱动因素，也是经济不平等的后果。

自经济危机和民主政治兴起以来，减贫一直是主要政策目标。随着扶贫工作转向以穷人为目标，识别哪些人群是贫困人群变得更加重要。例如，世行指出，穷人接受的正规教育较少。2010 年，非贫困家庭的学生完成 10 年级教育的可能性大约是贫困家庭学生的 2 倍。世行得出的结论是，这种教育差距正在扩大而不是缩小。政府引入了一系列社会福利和保障计划，旨在针对顽固贫困地区，寻求提供被认为有助于改善贫困人口生活的基本基础设施——水和公共卫生、道路、电力、学校和卫生设施。

尽管印度尼西亚的减贫工作广受赞誉，但需要谨慎对待贫困数据。首先，自 2000 年左右以来，减贫速度有所下降。其次，官方收集统计数据的机构所用的贫困线低得不切实际。2018 年，人均月支出为 401 220 印尼盾或更少的人被视为生活在贫困线以下，尽管存在一些地区差异。这相当于每天约 92 美分，不到世行每天 1.90 美元的极端贫困指标的一半。各省确定的满足基本生活需求所需的最低月收入也证实了这一点。2015 年，最低月收入要求最低的省给出的数字比官方贫困线水平高出一倍多。同样，城市地区实际平均支出的官方数据为每月 1 350 524 印尼盾（约合 93 美元），是官方贫困线水平的 3 倍多。在农村地区，这个数字是 852 105 印尼盾，仍然是官方贫困线水平的 2 倍多。根据世行的数据，印度尼西亚人消费的商品的价格对贫困家庭来说往往比其他家庭上涨得更快，这加剧了贫困人口的窘迫处境,"意味着他们的生活水平进一步落后"。此外,还有数以百万计的贫困人口和接近贫困线的人口在贫困线边缘挣扎,这意味着他们仍然很容易重新陷入贫困,尤其是在发生危机时。世行指出"40%的印度尼西亚人口仍然可能极易因陷入贫困而受到冲击"。

贫困是一种顽疾,约一半的贫困家庭"长期贫困",即"连续三年都被持续划定为贫困"。另一半贫困家庭"极有可能进入和摆脱贫困"。加速减贫国家工作小组(TNP2K)认为失业者、"有工作的穷人"和"没有工作的老年人"更有可能陷入贫困。农村家庭比城市家庭更穷,而且如表5-4中的数据所示,穷人更有可能从事农业工作。农村家庭可获得的医疗保健、卫生设施、清洁水源、市场和农业推广服务以及职业培训通常都更少。官方数据显示,女性为户主的家庭陷入贫困的可能性并不比男性为户主的家庭高多少;与男性相比,女性的预期寿命较低、受教育程度较低且收入较低,因此很容易陷入贫困。如果她们去工作,一般只能从事低薪和低技能的工作。老年女性也往往比老年男性更穷。在50岁以上人群中,生活在贫困线以下的人口比例随着年龄增长而增加。45~49岁的人贫困率最低。

表5-4 2017年印度尼西亚非贫困人口与贫困人口的比较

特点		非贫困	贫困
家庭规模（人）		3.69	4.57
女性户主家庭占比（%）		15.07	16.12
家庭收入主要来源（%）	不工作	12.80	14.38
	农业	29.16	49.89
	工业	10.43	7.12
	其他	47.61	28.61

资料来源：加速减贫国家工作小组（2018年）。

2018年9月，政府的贫困线是农村地区人均每月392 154印尼盾（约合26.30美元），城市地区425 770印尼盾（约合30美元），官方省级最低月工资设定在145万至365万印尼盾之间。这意味着雅加达的最高的最低工资仅为官方国家城市贫困线的8.5倍，而最低的最低工资是贫困线的3.4倍。尽管这些数据可能表明贫困对有工作的人来说不是问题，但亚洲开发银行（Asian Development Bank）和世行的数据显示，能领取到最低工资的工作者相对较少：仅占有偿工作者的20%。艾伦（Allen）认为，2006—2015年，工资低于最低工资标准的正规员工的比例实际上有所增加。世行倾向于支持这一观点，并指出"最低工资不合规的比率很高，即使对于经济状况更好的正式员工也是如此。"换句话说，由于雇主的合规性低，虽然劳动法规看起来很严格，但几乎没有为工作者提供保障，这让工作者容易陷入贫困。

小结

本章介绍的情况突出了从事非正规和非正式工作的工作者与从事正规工作的工作者相比，所面临的经济劣势。尽管在工作及社会保障方面的剥夺和不利条件有差异，但在每个国家非正规和非正式工作者的工作和生活仍然不稳定。在这三个国家中，非正规和非正式工作者的收入均低于正规工作中的工作者，社会保障也更少。因此，在贫困加剧和不平等加剧的背景下，从事不稳定工作的人所面临的双重危险会导致他们及家人的生活不稳定。

我们认为，非正规和非正式工作给工作者带来的困难有多大，在很大程度上取决于有多少社会福利保障可帮助他们应对日益增加的风险，即那些我们讨论过的与全球资本主义动态相关的风险。因此，工资低于正规工作者的非正规工作者最终可能成为有工作的穷人。总体而言，他们在经济上安全与否的程度更多取决于其所在国家的社会保障政策和制度以及像日本那样的公司福利计划。在这方面，我们再次看到正规工作者和非正规工作者之间以及三个研究对象国家之间存在巨大差异。

日本的情况说明正式经济领域存在制度化的不稳定。国家监管和性别化的就业实践共同决定了不稳定工作的性质，而不同公司在福利方面的差异让不同工作者群体之间不稳定的鸿沟更加难以弥合。相比之下，印度尼西亚的情况体现出非正式经济领域的非制度化不稳定。印度尼西亚的国家监管不完善，非正式就业催生出了市场专制，劳动力市场动态直接影响工作者的工作和生活。韩国的情况介于日本和印度尼西亚之间，有大量不稳定就业的自营职业者，国家在塑造劳动力市场和社会保障体系方面的作用越来越大，而由家族企业控制的市场在分化工作者方面有很大的影响力。因此，市场和国家之间的各种相互竞争的力量根据政治的变化决定了不稳定的性质。

当国家打算通过社会保障来保障基本民生时，政府可以降低劳动力市场的不稳定性。正如我们在第 2 章中所讨论的，仅关注经济增长的发展型国家在面对各自国家不断变化的劳动力市场时，一直迟于做出响应。因此，与具有相似经济发展或工业化水平的西方国家相比，社会福利保障不发达加剧了亚洲不稳定工作的后果，产生了以贫困、不平等、低出生率和老龄化为代表的社会危机。但这种情况不仅仅是经济发展水平和国家角色造成的，也是新自由主义政策的结果，这些政策本身就表明资本在与劳动力的关系中占支配地位，并对公民社会产生了越来越大的影响。尽管这三个国家影响生产的政治环境各不相同（见第 6 章），但三者的社会力量都还没有得到充足发展，因此不足以阻遏因不稳定工作增加而产生的负面后果。

　　亚洲不稳定工作者的经历与世界其他地区没有太大区别，但一些独有的特征影响了劳动力市场的社会和政治因素，以及导致从事不稳定工作的工作者增加的经济因素。难以弥合的性别化差距影响了劳动力市场转型的性质，揭示了性别意识形态和父权制在劳动力市场中的影响力。女性劳动力参与率大大低于男性，三个国家在就业状况和工业部门方面存在明显的性别隔离。在日本，劳动力市场和家庭生活中的性别化分化严重影响了劳动力市场上的性别差距。正如我们在第4章中所展示的，大量女性工作者集中在服务部门从事非全日制工作，降低了正规工作和非正规工作之间的流动性。在韩国和印度尼西亚，不稳定工作也与性别有关，这表明工作和就业中存在严重的性别隔离。在日本，非正规工作者主要是女性，在韩国和印度尼西亚，女性非正规工作者比例略低。

　　在亚洲，非正规工作者与正规工作者之间的工资差距相当大，这反映出各国非正规工作者缺乏影响力资源。非正规工作者工资低，政治上参与度低，因为他们没有自己的组织和政治渠道在他们与政府和政党之间建立联系。尽管非正规工作者受剥削最重，但他们也是最缺乏组织的劳动力群体，在这三个国家中结社力量最弱，正如我们将在第6章中讨论的那样。因此，与正规工作者相比，非正规工作者没有组织起来抵御不稳定工作和生活，并促进他们的经济利益。相反，他们在劳动力市场上被边缘化，因为他们中的大多数人都在以各自的方式求生存。

当考虑社会工资时，正规工作者与非正规工作者、非正式工作者之间的不平等差距就更大了。社会福利工资包括货币工资以外的福利待遇，例如健康保险、养老金和失业补偿。由于这三个亚洲国家的社会保障相对薄弱，因此社会福利工资更加不平等。在日本和韩国，大型雇主提高了这些福利，让往往在中小型企业工作的非正规工作者处于更加不利的地位。

近年来，日本、韩国和印度尼西亚各自增加了社会福利保障支出的 GDP 占比。然而，这些福利分配不均，社会福利计划不足以保护受各种社会风险影响的社会群体。由于社会保障不足，日本、韩国和印度尼西亚的贫困和不平等、社会分裂和抗议日益加剧。由于日本和韩国实行企业工会制度，而印度尼西亚的工作者缺乏有影响力的资源，因此有组织的工会对非正规工作者的福祉兴趣不大。这种状况导致这些国家出现了社会动荡，而非正规工作者为了维护自己的权益，展开了一系列政治行动，我们将在下一章继续讨论。

第6章

不稳定就业：政治与政策

日本、韩国和印度尼西亚多种形式不稳定就业的增加带来了众多负面后果，工作者对此做出了回应。如下例所示，工作者在努力应对不稳定就业以及法律和经济保障不足所带来的不安全感和不确定性，他们的行为反映出他们所感受到的挫败感和焦虑感。在日本，工作者们以多种方式表达了他们的不满：

> 500 名临时工在东京日比谷公园搭起帐篷，抗议 2008 年雷曼兄弟倒闭后他们岌岌可危的生存环境……抗议活动提高了公众对越来越多劳动力的不稳定就业和生活条件的认识。

日本抗议不稳定就业的行动一直持续到现在：

> 2014 年 11 月工人们在议会前举行了一场 800 人参加的静坐抗议活动，以抗议拟议的《劳动者派遣法》修正

案……或许令人惊讶的是，这次抗议活动是由两个最大
的全国工会组织日本工会联合会（Rengo）和全国工会联
合会（Zenroren）发起的，这体现出为了避免在日本不断
变化的政治经济中显得过时，更成熟的工会采取了创新
的方法组织抗议。

从 21 世纪初后期开始，韩国也出现了类似对不稳定就业
的抗议行动：

> 由于非正规工作者的斗争得不到公众的关注，他们
> 选择了最极端的斗争形式，包括在工厂烟囱顶示威、静
> 坐罢工、绝食，有时甚至是自杀，如此媒体才开始关注
> 报道他们的斗争。

抗议活动仍在继续，而且变成全国性问题。2019 年的
五一劳动节，2.7 万名工人在首尔集会，另有 5.7 万人在其他
13 个城市举行示威。他们的主要诉求是加强就业保障、对非
正规工作者给予平等待遇和薪酬，以及扩大社会安全网。

在印度尼西亚，就业不稳定的工作者也动员了起来：

> 通过手机应用程序接单的运输服务提供商已经形成

了地方集体组织，它们在区域司机协会中团结在一起。通过这些集体组织和协会，司机们组织起来，要求平台公司提高工资，改善工作条件，并要求政府根据劳动法承认他们的雇员身份。

2020年通过了一项庞大的新立法《综合法案》(Omnibus Law)，这对数以百万计的印度尼西亚工作者来说是劳动法和工作条件方面的倒退：

> 10月5日不受欢迎的《综合法案》通过后，抗议活动继续席卷印度尼西亚。批评者担心这项被称为《创造就业法》的法律将剥夺工作者的劳工权利，并为环境破坏开了绿灯。在全国20多个城市发生的暴力抗议活动中，警察使用催泪瓦斯和高压水枪驱赶人群，数千名示威者与警察发生冲突受伤，成千上万人被捕。

这些抗议行动一般都是为了挑战对劳动力市场的放松监管，反对将社会再生产和社会福利保障的成本从政府和雇主转移到工作者及其家庭。然而，这三个国家的集体行动及其结果是由明显不同的制度变化和劳工政治造成的。

不稳定就业的扩大迫使政府采取措施减少社会和经济困

苦，扩大或调整社会安全网。有时国家会被认为是不同需求的仲裁者，需要平衡（经济精英支持的）经济目标和（工作者强调的）社会目标。正如戴约（Deyo）所描述的那样：

> 国家……必须努力调和这两种不同的议程目标，或通过各种制度和政治战略来管理它们共同造成的冲突。即使在新自由主义为主导的国家中，国家也很少完全被资本利益所俘获，这是因为它们在寻求确保政治合法性和经济增长的过程中，也会关注并追求社会和经济议程目标。

然而，国家不是中立的仲裁者。它是监管过程的参与者，是资本和劳动力冲突的载体，因为双方都试图通过国家在政治上获得发展。日本、韩国和印度尼西亚这三个议会民主国家的生产和分配政治展示了劳工、企业和国家之间的动态关系。国家、劳工、资本和公民社会组织之间冲突和权力平衡的转移已经影响了关于不稳定就业和相关问题的公共话语，并对政党和政府施加了压力。[1] 各方参与者和机构的回应因国家、福利

---

[1] 民主国家和威权国家都以强制措施和镇压的方式来回应这种要求。例如，参见里加斯科（Rigakos）和埃尔居尔（Ergul）。

制度类型和体制不同而异。国家机构建立和发展的方式决定了其中一些差异。历史模式和文化差异意味着三个研究对象国家分别对竞争压力和社会经济力量做出了不同反应。它们对工作者和有组织劳工的要求所做的回应也表现出独特的模式。正如在全球各地所看到的那样，无论何种政治体制，新自由主义全球化的负面后果和不稳定就业都可能产生严重的社会和政治影响。然而在现实中，推进不稳定就业的后果所产生的反应在国内制度和政府方面产生的压力最大。事实上，本书所考察的所有三个国家都实施了推动不稳定就业的政策。与此同时，每个国家也都有减轻政策负面影响的压力。

我们认为，国家仍然在（再）监管工作安排，以及发展、改变和维持社会福利保障方面扮演核心角色。正如我们所论，不稳定就业的影响不仅仅取决于工作的性质或全球进程。它们的形成还取决于相互角逐的经济、文化、历史和社会力量及利益之间互相竞争的结果。不稳定就业在日本、韩国和印度尼西亚是一个就业现实，但其普遍性和后果在每个司法管辖区各有不同。即使在全球化的世界中，影响不稳定就业的宏观结构因素及其后果在很大程度上仍形成于各国内部。在制定有关劳动力市场、工作者控制和治理的决策以规避国家决策方面，跨国公司和网络（例如全球商品链）的重要性日益增加。然而，民族国家和政府会继续对劳动力市场和社会福利政策产生重大影响。在国家内部，劳工改革反映了企业、劳工和国家之间的动态关系和不断变化的权力平衡。

如前几章所述，自 20 世纪 90 年代以来，新自由主义强调市场、灵活性和私有化的发展，优先考虑经济议程目标，导致了劳动力市场的自由化，为雇主提供了更大的灵活性，并降低了劳动力成本。通过国家和商业利益的融合，这些变化导致了非正规工作安排的增加，并经常导致社会保障被削弱。有时，特别是在印度尼西亚和韩国，国家会实施高度强制性措施来维护企业的利益。在韩国和印度尼西亚（无论是在前威权政权还是在当前选举民主制度下）以及日本，政府的措施推进了自由化及企业的利益，这些措施包括削弱工会和限制集体谈判的国家政策。20 世纪 90 年代和 21 世纪初的经济危机，以及其他要求加大经济紧缩力度的压力，导致了对社会福利体系的再监管。优先考虑国家和雇主的经济模式让工作者处于不利地位，给工作者造成了不安全感，并降低了他们有效组织起来影响国家政策的能力。各国也都受到影响。例如，日本降低了企业税收负担，增加了国家的社会福利支出，主要用于为迅速老龄化的人口提供养老金。总体而言，这些变化对工作者产生了负面影响，我们在前面已经概述。它们还造成了国家、企业和劳工之间的紧张关系和冲突。劳工反对和公众不满等挑战已经对政府形成了压力，迫使其制定新的社会保障政策并对劳动力市场再监管，从而（重新）将市场纳入更广泛的社会制度和社会议程中，包括劳动力市场改革和社会福利的变化。所有这些都表明，不稳定就业是政治、经济和社会权力相互竞争的结果。

正如第 5 章所讨论的，这些政策反应是由不稳定就业的负面后果引发的。在所有三个国家中，这些反应都导致社会和政治运动的爆发，以此试图减轻对工作者及其家庭最严重的影响。这为一些政客推动支持收入再分配和扩大社会福利承诺的政策创造了动力。这些压力有多种形式，有时是个人抗议，但更多的是通过工会、社会运动、公民组织的活动、法律法规的争取以及议会关于灵活性和社会保障的辩论。此类反应可分为自下而上或自上而下两类。自下而上的行动是工作者试图通过各种社会运动来创造宏观层次的结构变化。自上而下的是政府做出的回应，它们需要寻求执政的正当性或选票，在各种利益（例如劳工、企业、国际组织）的推动下制定政策（例如升级福利政策），以安抚支持者或活动人士，或通过保护工作者免受不稳定就业的负面影响来维持或加强选民支持。

国家和企业正在以受新自由主义要求和意识形态影响的方式重新定义工作，这将把更多的注意力指向不稳定就业和有关社会福利的政治。政治争论和政策辩论的重要领域涉及生命周期问题（如教育、健康、家庭和福利政策）、积极的劳动力市场政策，以及与工作、工作场所和劳动法相关的广泛问题。

一个国家的福利保障和监管体系提供的社会和就业保障可以改善不稳定就业中许多最负面的方面，而正是这些体系变成了政治争论的焦点。

本章我们将回顾政党、工会和公民社会组织采取的一些行动，它们的目的是迫使国家和政府制定和调整其社会福利政策和劳动力市场法规，以应对不稳定就业的发展及其后果。我们将解释每个国家的反应所表现出的异同。

国家、劳工和企业：改革劳工制度和社会福利

用劳动体制的概念来概念化我们在前几章中所描述的工作安排的转变很有帮助。戴约将劳动体制定义为"不同的制度化社会过程和活动，潜在的劳动力借此被调动起来并转化为实际的劳动力、有用的服务和产品及——在资本主义经济中——利润"。尽管"劳动体制最初主要是由经济和政治精英构建的"，但它们是较量和斗争的产物，一方是劳动力、企业和其他经济精英，另一方是政府。这些参与者之间的相互作用决定了工作的组织、监管和奖励方式。因此，当精英们创造劳动体制时，他们努力的结果往往会在工作场所、社会和政治中引发异议。异议的性质由政治、经济权力的架构和平衡，以及政治体制的性质决定。在日本、韩国和印度尼西亚等民主代议制国

家，关于不稳定就业的辩论可能涉及工会组织、社会运动、公民社会组织行动主义和对劳工友好的政党，以及议会外反对派引发社会混乱的可能。尽管书中每个案例国家影响生产和分配政治的特定动态组合都有所不同，但归根结底是由政府来制定和捍卫用以规范工作场所和工作者社会福利的劳动法。

在日本和韩国，非标准工作的兴起也改变了对工作者非常重要的福利保障。东亚社会福利模式的几个重要方面承受了重压，尤其是在日本。主要由于大公司和男性工作者的终身雇佣概念进一步变窄，从公司流向员工的福利也减少了。因此，在日本和韩国，政治辩论围绕着不稳定就业以及与工作、工作场所监管和福利制度相关的变化展开。在印度尼西亚，福利制度在 1998 年几乎不存在，政治辩论集中在不稳定就业、劳动法、工资和福利制度的建立上。

面对不稳定的工作

随着各种形式不稳定工作的发展，雇主要求提高灵活性，工作者要求更多的保障，政府必须不可避免地要应对双方不同的要求。政府试图通过权衡有关政治正当性和资本积累需求的概念来满足这些相互竞争的要求。日本、韩国和印度尼西亚都有社会议程（社会保障、就业稳定和经济安全）和新自由主义议程（竞争力、投资和增长）。致力于解决不稳定就业问题的公共政策需要考虑就业关系的结构性变化，同时认识到不稳定就业的扩大不仅是就业问题，而且与更广泛的社会、经济趋势及目标，以及经济增长、人口变化和国际关系有紧密关系。在研究这些问题时，我们考虑了三个政策领域：劳动法律法规、积极的劳动力市场政策和福利安全网。实施这些政策一直是这三个国家政府在21世纪初面临的巨大挑战之一。

我们在前几章中已经表明，雇主要求在劳动力市场上提高灵活性，并有所成就，从而降低了劳动力成本。雇主已经改变了雇用、解雇和发放薪酬方式。其中许多变化都需要国家支持，通过国家放松监管、再管制和实施自由化政策来实现，国家这么做是因为相信这样能够促进投资和经济增长。过去，日本和韩国的国家干预是为了规范市场，促进国家经济增长和国际竞争力。近几十年来，这些国家采取了放松监管和再监管市场的措施，以促进（包括劳动力市场上的）积累，印度尼西亚在民主化之后也是如此。在这三个国家，满足增加积累需求的监管转变恰逢经济危机——日本从20世纪90年代初开始的长期停滞以及1997—1998年韩国和印度尼西亚经历的亚洲金融危机。因此，这三个国家普遍经历了各种"发展性新自由主义"，根据相关政策，开放市场、私有化国有公司、强调经商便利以及对经济放松监管或再监管。具有讽刺意味的是，在培育了新自由主义国家的日本和韩国，政府现在确认正是发展型国家导致了经济危机和停滞，而新的新自由主义国家市场安排有效地提高了效率、生产力和竞争力。

每个国家的新自由主义转向都嵌入了新自由主义的核心思想、政策处方和制度安排以培育市场，这个市场化过程在三个国家的不同经济部门之间是不平衡的。新自由主义转向推动了不稳定就业，它通常是以创造就业为名，结果却使工作者面临不平等和贫困加剧等社会经济问题。这与不稳定就业的快速扩大密切相关。

在当前这个时代，日本、韩国和印度尼西亚的现任政权应对这些社会问题和不稳定就业的大背景是左翼政党和工会力量的大为减弱。然而，每个国家都有完全不同的政治生态，通过劳工组织、社会运动和公民社会的活动和斗争，工作者对政策制定的结果产生了不同的影响。

图 6-1 显示了涉及不稳定就业的政治博弈中关键的集体政治行动者：政党、工会等劳工组织和公民社会组织。在这三个国家，这些行动者塑造了劳动制度和社会福利政策不断演变以应对不稳定就业增加的后果的方式。

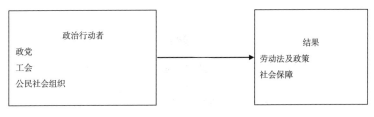

图 6-1　不稳定工作的政治

政党

在日本，议会代表制中仍是一党主导。韩国和印度尼西亚的正式政治参与和代表制度一直在转型过程中。韩国和印度尼西亚出现了新的政治博弈方式，它与过去的斗争形成鲜明对比，政治抗议和竞争性选举为政治和政策竞争提供了新的机会。事实上，一旦工人获得投票权，他们往往会成为目标选民群体。选举竞争的性质影响了政策辩论，因为就业以及近年来的不平等已经成为主要的选举议题。

亚洲各个国家的政党已经深深嵌入在战后时期演变而来的政治体系中，冷战阴云密布，美国行使霸权。结果是民主发展瘫痪，左翼政党和进步的劳工运动受到破坏。随着亚洲成为美国和苏中对抗的前线，美国大力支持韩国和印度尼西亚的军事政权及日本的保守派。在 20 世纪后期冷战体系崩溃之前，日本、韩国和印度尼西亚国家都能够以反共的名义镇压激进的劳工运动。

由于工人阶级政党的软弱和孤立，这三个国家的政党政治通常不能始终发挥作用，工人阶级无法以此来推进其经济、社会和政治利益。民主化可能改变了工人与政治之间的关系，而选举竞争提供了一种将工人的声音引入政治的方式。竞争性选举可能让政府、政党和政客担起更大的责任。这些政党的主导地位往往会降低大选中的竞争水平，让执政党不太可能考虑工人的普遍利益。相反，国家倾向于限制工人组织挑战由资产阶级主导的国家和经济体系的权利。

工会

以工会密度为标准，劳工——尤其是有组织的劳工的势力在这三个国家都很薄弱，这是近几十年来劳工组织遭到破坏的结果（图6-2）。国家和企业合作做到了这一点，颁布了限制工会组织的法律，同时提高了雇主获得（在监管下）进行改革和自由化的能力。然而，面对劳工组织遭到破坏、反对劳工的立法得以颁布和工运遭到镇压等局面，劳工在影响不稳定就业的政策结果方面仍发挥了作用。在日本，出现了为非正规工作者争取权利的新形式工会。韩国为应对不稳定就业的扩大而采取了相当多的行动，工会与民间社会组织合作，大力反对在劳动法和就业实践层面对劳工不利的转变。在后新秩序时代的印度尼西亚，工会和公民社会组织也在影响监管（工作）环境方面发挥了作用。然而，这三个国家都缺乏包容性工会，这阻碍了劳工向政府施压以将社会保障覆盖面扩大到非正规工作者的能力。[①]

---

① 对包容性工会如何保护不稳定就业工作者免受经济不确定性影响的分析参见拉特格布（Rathgeb）。

目前日本的工会密度最高，但自 2000 年以来有所下降。日本工会组织的主要形式是企业工会，其重点是在公司层面代表劳工利益。这限制了有组织劳工在国家层面的决策和集体谈判中获得强大发言权的能力。自 1975 年以来，罢工和劳资纠纷稳步减少，反映了企业工会（与雇主）普遍比较合作。然而，日本出现了较新形式支持非正规工作者的工会组织，它更倾向于参与对抗形式的抗议（如劳资纠纷或法律纠纷），这表明从以前和谐模式的劳资关系在发生转变。

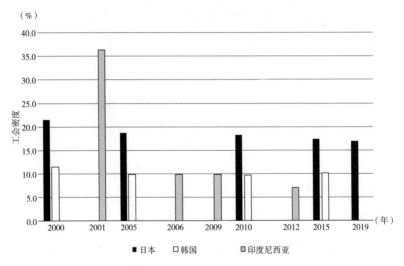

图 6-2　日本、韩国和印度尼西亚的工会密度，2000—2019 年

资料来源：国际劳工组织（2020）；JILPT（2020：34）。

韩国的工会密度只有 10% 左右，自 2000 年以来一直保持在这一水平。工会密度在 1987 年大幅增加，那一年的罢工让工会密度从 9% 增加到 18%。然而，这种增长引起了企业和政府的敌对反应，导致在工作场所发生暴力冲突。几乎所有的中小型工会都消失了，只有大工会幸存下来。尽管 1996 年 12 月全国大罢工取得成功，但工会密度从 1996 年的 12.1% 进一步下降到 1997 年的 11.1%。与日本一样，工会是在公司层面组织的，这对中小企的工会不利——在这些企业中，以企业为基础的工会无法应对雇主采取的反工会策略。这些雇主通常不愿承认工会，更愿意将其排除在谈判过程之外。没有外部支持，小型工会罢工往往难以维持，而大公司工会更能代表其成员的利益。尽管韩国的工会密度较低，但劳工运动在近年来比日本更激进，与此相关的是劳工在民主化斗争中的作用，以及工会、社会运动和左翼政党在促进不稳定工作从业者和工人阶级更广泛的利益过程中建立的联系和联盟。正如我们将要展示的那样，激进的韩国工会经常在国家政策中发挥重要作用，包括反对自由化和放松监管。

图 6-2 表明，自 2001 年以来，印度尼西亚的工会密度大幅下降。然而，由于这些数据基于工会的"自我验证"，它们可能夸大了实际会员人数。很明显，自从新秩序政权垮台后的经济突增以来，工会密度一直在下降。到 2001 年底，印度尼西亚已经成立了 61 个国家工会联合会、1 个联盟，144 个国家

工会，以及大约 1.1 万个企业工会。2016 年，虽然联合会和联盟的数量有所增加，但据报道企业工会的数量下降到约 7000个，同时会员人数也在减少。全国工会仍然存在，但主导组织是企业工会。工会运动经常需要公民社会组织的合作，使其共同参与改善工作条件、工资以及福利和社会保障的运动。

公民社会组织

近几十年来，公民社会组织一直是对不稳定工作的条件和后果表达担忧的渠道。在某些情况下，公民社会组织会与工会结盟。公民社会组织和非政府组织通常被认为是人们为了在公共领域追求共同利益而成立的非政府、非市场、非营利的自愿组织。一般来说，当政党参与真正具有竞争性的选举时，这些组织可能有更多机会影响社会和经济政策。在考察本书中的三个国家时，我们发现公民社会组织一般在韩国和印度尼西亚发挥的作用更大，与自民党一党独大的日本相比，这些国家的政治竞争更有意义。在有政治空间的时候，它们有时会与工人和工会合作，推进作为公民权利的工人权利。这种趋势在韩国尤为明显，工会和公民社会组织联合起来反对新自由主义经济政策，并且公民社会组织支持不稳定就业工作者的运动。

在本章其余部分，我们将概述在日本、韩国和印度尼西亚与不稳定就业相关的政治和国家政策。我们将讨论政党如何解决每个国家的不稳定就业问题及其后果，以及工会和公民社会组织在影响有关劳工和社会保障政策的政治决策方面所发挥的作用。这三个政治行动者的行为在影响生产政治和不稳定就业方面彼此密切相关。

日本

自 1955 年成立以来，自民党一直一党独大，日本政坛仅在 1993—1996 年和 2009—2012 年短暂更迭，1993—1996 年执政的是不稳定的左右翼七党联合政府，而在 2009—2012 年，由不同政治派系组成的走中间路线的松散政治联盟 / 政党，即民主党，选举获胜。日本的在野党一般都比较分裂和软弱，无法真正挑战自民党的霸权地位。自民党在 2012 年选举中重新掌权后，获得了众议院 289 个席位中的 226 个，民主党几乎解体，自民党的地位由此可见。

自民党是一个亲商的民族主义右翼政党，它强调经济增长，致力于让企业自由发展。自 20 世纪 80 年代以来，自民党与商业利益结盟，实施了受新自由主义影响的改革，促进私有化，推进经济国际化，同时保持对小企业和农业选民的支持和补贴。其目的通常是刺激垂死的经济。新自由主义改革涉及对劳动法律和政策放松监管和再监管，为雇主提供更大的劳动力灵活性，降低劳动力成本。例如，在前首相安倍晋三所谓的"安倍经济学"之下，日本式的新自由主义改革包括为富人减税、提高消费税，以及在工资、工作时长和其他就业条件方面赋予雇主更多的自由裁量权。自民党在选举中独大，又与企业联盟，这意味着它没有向劳工寻求太多的政策建议，也没有响应社会运动的请求，这在有关劳动力灵活性的政策决定以及政府委员会中工会代表少之又少的人数方面有明显的表现。

尽管包括有 680 万会员的全国最大的工会联合会 Rengo 在内的日本各工会和联合会对组织不稳定就业者表现出了一些兴趣，但这并没有增加工会成员人数。工会也对新的组织形式（例如社会工会主义）表现出了一些兴趣，但它们大多仍然只代表大公司正规工作者利益的组织。渡边认为，这反映了劳动力的权力资源长期在减少。

换句话说，对于国家和资本在就业和工作场所安排（包括不稳定就业的兴起）方面的倡议，有组织劳工的集体反应受到了政治参与的限制。自 21 世纪初以来，现有的全国劳工联合会——包括 Rengo、全国工会总连合（Zenroren）、全国总联络协议会（Zenrokyo）和其他大型工会——已经在尝试与非工会成员协商，并将各类非常规工作者组织起来。这些机构通过采取行动，允许个人成为一些工会（包括地区和社区工会）的成员，这意味着正规和非正规工作者都可以成为工会成员。工会的这些转变产生了一些影响，但未能阻止工会成员人数的下降和政治权力的减少。

最强大的工会大多是在制造业和运输业的大企业以及公共部门里的组织。这些企业和部门的工会密度很高，2014年员工人数超过1000人的企业工会密度为45.3%。中小型企业的工会组织更为有限，员工人数少于100人的企业工会密度仅为1%。当然，正是在这些小企业中，尤其是在销售、医疗保健和餐馆等服务行业，不稳定就业者在从事着各种兼职和临时工作。虽然难以计算，但不稳定就业工作者的工会密度似乎只有7%左右。这种小规模的存在限制了不稳定就业工作者在决策过程中的发言权。

一些将中小企业的正规工作者组织起来的工会，包括来自同一地理区域、具有相似利益群体的社区工会，都已在尝试组织非正规工作者。这些工会一直在寻求保护工作者免受不公平和非法待遇，关注女性、移民、非正规工作者和其他被主导工会边缘化的人的需求，以解决长期存在的不平等问题。它们还参与了某种形式的社会运动式的工会主义运动，并试图影响涉及各种工作者的政治结果。例如，成立于1970年的全联合工人联盟（Zentoitsu）与日本移民团结网络（一个为移民和多元文化背景人士争取权利和尊严的非政府组织）结成联盟，共同游说以变革劳工和移民政策。它们还共同影响了改善移民工作条件的公共政策，尽管只是在有限的领域。

尽管这类劳工行动引起了人们的关注，并引发了一些关于应对不稳定就业的负面后果的公开辩论，但由于自民党在政治和决策上占主导地位，这导致这些对政府政策的影响是有限的。2017 年 10 月，Rengo 宣布不会在即将举行的下议院选举中支持任何政党，这进一步压制了有组织劳工的声音，这是在它之前所支持的民主党分裂之后发生的。这颠覆了其长期以来支持与自己政策一致的进步和左翼政党的原则。它只是支持了民主党的个别候选人。这一政治策略代表了工人运动的新趋势，摒弃了工会运动以前的意识形态方向。

近几十年来，日本的公民社会组织在政治上的参与度不及韩国和印度尼西亚。在 20 世纪六七十年代上半叶，随着激进的学生和公民运动的发展，日本公民社会组织特别活跃。学生运动在 20 世纪 60 年代后期有一定影响力，与 1968 年西方的学生运动相呼应，其内容有所扩大，包括彻底变革社会制度进。但随着学生一开始是要求彻底变革大学体制，后来呼吁的运动越来越激进，公众支持逐渐减少，20 世纪 70 年代初期出现了一种新的社会运动形式，称为公民运动（shimin unto）。这些团体由知识分子、公民以及受过高等教育和参与社会问题的女性组成，他们提出了从工业污染到呼吁世界和平等各种问题。这些运动强调自治和废除等级制度，都是基层自发的，没有全国性的运动中心，因此难以协调全国性抗议活动。这些运动有时会与有组织的劳工结盟，但通常会与在企业层面专注工资和工作条件的工会保持距离。在政策方面，自民党能够解决这些公民社会组织提出的一些问题，特别是在地方政府层面，在这些问题上自己牵头。结果是，到20世纪70年代后期，公民社会组织开始失去当地社区居民的支持。

近年来，工会和公民社会组织试探性地重建联系，从企业工会主义到社会运动工会主义进行了有限的转变。从工会的角度来说，它们希望通过与民间社会团体结成联盟，来恢复和增强其结社力量，试图遏制工会在政治和社会中影响力日益减弱的趋势。这种新兴的社会运动工会主义试图发挥作用，为各类工作者带来政治上的成果，全联合工人联盟与日本移民团结网络（Solidarity Network with Migrants Japan）之间的合作就是如此。

然而，放大工会的声音、增加成员人数和加强工会组织的主要障碍仍然是自民党在政治上和议会中的主导地位。确实，一些劳工行动引起了关注并引发了公众辩论，尤其是关于不稳定就业的负面后果。然而，自民党的政治和决策权限制了这些行动对政府政策的影响。事实上，政府对企业需求反应地要快得多，企业大声呼吁提高劳动力灵活性，并要求改变劳动法律法规。政府都同意了，希望放宽劳动法规能够促进经济增长。

　　具有讽刺意味的是，这种呼吁和劳动力市场的再监管导致了一些社会问题，对作为自民党决策核心的经济增长提出了挑战。到21世纪头10年，在长期经济停滞的背景下，日本面临着与就业相关的前所未有的挑战，包括劳动力短缺、非正规就业率高、过劳死率上升（过度劳累和工作压力导致的死亡）和不平等加剧。工作者以前面所讨论到的工会行动作为回应，例如与公民社会组织合作，组织抗议行动，包括安营扎寨的抗议。还有一些是个人行为，例如自杀率升高。根据大泽真知子和杰夫·金斯顿（Jeff Kingston）的说法，政策制定者面临着"一项艰巨的议程：人口迅速老龄化、工作不稳定、收入差距大、安全网不足、社会保险计划资金不足，以及与低生育率和社会凝聚力减弱相关的问题"。

　　安倍政府以两种方式做出回应。首先，它颁布了一系列劳动法，旨在解决对于过劳以及工作与家庭生活难以平衡的担忧，还有正规和非正规工作者之间日益扩大的差距。例如，2012年，安倍政府实施了一系列劳工改革，但它们都是"装点门面"而已，"改革的驱动力是推动不同议程的官僚、政客、工会和商业团体之间达成的妥协"。例如，在修订劳动合同法以改善非正规工作者的就业条件时，没有条款明确对不遵守规定的雇主如何处罚。其次，政府增加了社会保障支出，正如我们在第5

章中讨论的那样，老年人口的稳步增加意味着福利支出不断增加，这进一步促进自民党选举对福利侍从主义加以关注。

劳动方式改革

到 2016 年年底，日本政府再次感到有必要解决就业问题及其相关问题，这一次的重点是劳动方式改革。安倍首相成立了新的劳动方式改革省（Ministry for Work Style Reform），并任命自民党政治人物加藤胜信为大臣，从根本上免除了厚生劳动省对劳动改革的责任。实际上，加藤兼管两部事务。首相官邸下属的两个咨询委员会——产业竞争力委员会和监管改革委员会——负责讨论劳工改革工作，但这两个委员会并没有劳工代表。

结果形成了一个全面的法律方案，提议对八项劳动法进行修订，解决两个主要问题：工作时间长的文化和不灵活的工作方式，以及正规和非正规员工之间的待遇差异。劳动方式改革法涵盖劳动标准、就业、工作场所健康与安全、派遣、非全日制工作、劳动合同和工作时间，它于 2018 年 6 月 29 日通过，2020 年 4 月 1 日开始在大企业实施，2021 年 4 月 1 日在中小企业开始实施。安倍称赞新法律是"70 年来的第一次重大改革"，宣称它们将"纠正工作时间长的问题，并从日本消除'非正规就业'的说法"。

新法律对加班设置了限制，以解决过劳死问题，并在工作与生活之间促进了平衡，尤其针对日本不断下降的出生率，让生育和抚养孩子变得更容易。新的工作时长上限是每周45小时，每年360小时，除非有"特殊情况"，否则违规雇主会受到处罚。如果管理层和劳工就特殊情况达成一致，则加班时间限制可延长至每月100小时，每年720小时。新法律还解决了与非正规工作者相关的问题。要求正规和非正规工作者都得到"适当和合理"的待遇和薪酬。例如，根据工作者的职责以及与这些职责相关的责任来考虑什么样的水平属于适当和合理。然而，这些事项的基本准则并未立即明确。

虽然政府鼓吹劳动方式改革是为了解决劳工问题，但它也在回应企业的需求。经团联（Keidanren）主席赞扬了劳动方式改革法，声称这些法律法规促进了工作者的创造力，并反对长时间工作的文化，雇主认为这是由劳工的错误观念所致。同时，经团联主席对一项有关自由裁量劳动制度的提议被否决表示遗憾，该提议允许雇主根据预定的小时数而不是实际工作时间向劳工支付工资。对不稳定就业的主要反应是向想要扩大雇用不稳定工作从业者的雇主提供法律支持。为应对失业，政府为雇主提供财政补贴以雇用不稳定工作从业者。

大多数工会领导人支持这些改革，只对高技能专业人士不受加班时间上限的限制持批评态度。从本质上讲，主要工会接受了强化劳动力市场二元化的变化。托禅（Tozen）工会的主席是一个例外，他提出了一些批评。托禅是一个成立于2010年的总工会，成员主要来自出版、银行、大学和外语教学行业。工会主席指出，高技能专业人员的加班上限和豁免，并不是大多数工作者在呼吁缩短工作时间和减少工作环境压力时的初衷。此外，关注过劳死全国家庭协会（Zenkoku Karoshi o Kangaeru Kazoku no Kai）批评了新法律，表示加班时数上限过高，并拒绝过劳死是个人责任的暗示。此外，从事高收入专业工作的专家也不受工作时间上限的限制。

尽管政府声称缩小正规工作者和非正规工作者之间的不合理差距，确保了同工同酬，但"魔鬼"在关于同等职责和责任的细节之中。简而言之，雇主引入了一个双职业轨道系统，一个轨道可以晋升，另一个不可以，以此取代了正规工作者和非正规工作者就业地位的划分，并将不同职业轨道的工作者获得不同薪酬合理化了。因此，批评者观察到，基于职业轨迹、成就、动力和技能的不平等待遇将取代基于就业状况的不平等待遇。今井认为，"企业公民"的概念和一个在历史上构建出来的概念——如果非正规工作者想要拥有相同的权利和待遇，他们就应该像正规工作者一样为公司效力——使得对女性和非正规工作者的区别待遇变得合法化。

社会福利保障

如第 5 章所述，日本的社会福利公共支出在 2000—2018
年有所增加。原因有四。第一是老年人社会保障支出的增加。
2000—2016 年，养老金支出从 GDP 的不到 7% 增加到 10% 以
上，医疗保健总支出从 GDP 的 5.4% 增加到 7.6% 以上。2000
年引入长期护理保险制度，也推动了福利支出的急剧增长，因
为参保人数在 2000—2016 年增加了两倍，达到 560 万。结果
是，到 2019 年，超过三分之二的社会保障总支出用在了老年人
身上。

社会福利支出增加的第二个原因与第一个相关，即自民
党和选民之间发展的福利侍从主义。自民党通过加强社会保
障，力求为老年选民提供福利，促进选票与福利之间的交换关
系。老年人是自民党的核心选民，因此，除了解决老龄化社会
的需求外，自民党在提供福利方面也有选举利益。

第三，当民主党 2009 年赢得下议院选举时，曾承诺扩大
社会福利计划，这形成了一种（民主党）与自民党之间的福利
选举竞争。民主党强调的关键领域之一是家庭福利政策，其中
包括对单亲家庭的额外公共援助福利、普遍的育儿津贴、公立
高中免学费和高中入学支持基金。在这场竞争中，家庭政策支
出在 2007—2011 年从占 GDP 的 0.8% 增加到 1.35%。虽然民
主党执政时间很短，但当 2012 年自民党重新掌权时，家庭政

策支出继续增加，2017 年 GDP 占比上升到 1.58%。

第四，2011 年的地震和海啸导致社会救灾支出急剧增加，这种情况在整个 21 世纪头 10 年都是如此。这类支出包括为受灾者提供的社会支出，例如避难所、临时住房、医疗服务、免除医疗保健和长期护理保险的共付额，以及对灾民的补贴。

值得注意的是，这些扩大的福利计划并没有针对不稳定工作者。尽管一些不稳定工作者及其家人可能会从某些计划中受益，尤其是在他们进入老年之后，但这些计划并未尝试为这些工作者提供更多的安全保障。这反映出不稳定工作者缺乏权力和组织，无法对政府施加压力。

韩国

与日本政局稳定和自民党在选举中一党独大形成鲜明对比的是，韩国的政坛竞争激烈，民主化斗争漫长，政府更迭频繁。发展型国家与大企业的联盟源自威权主义时代，在 20 世纪 80 年代后期它失去了在公共话语和公共政策方面的主导地位，这导致政治空间扩大，争夺更为激烈，尤其是在劳工问题上。

正如多次说到的那样，1997—1998 年的金融危机是韩国在民主化背景下从国家主导的发展主义到新自由主义经济改革的政策发展过程中的转折点。危机的一个结果是不稳定就业上升为重要的政治和经济问题。另一个结果是金大中当选总统，这标志了政治在危机中开始过渡，让韩国的羽翼未丰的民主进程得到了进一步深化。

政治上的过渡为劳工施加政治和政策影响提供了三种可能性。

首先，选举促进了政党之间以及为争取包括工人在内的选民支持的竞争。相对威权时期封闭和排外的政治而言，这是重大变化。

其次，选举也意味着劳工能够更好地组建和促进独立工会的发展，甚至是成立他们自己的政党。尽管过去的政党在1987年的第一次竞争性总统选举中获胜，但政府不能再像以前那样简单粗暴地镇压工人或其组织。1988年大选后，新的反对派及其政党赢得了议会多数席位，得以限制保守势力的行政权力，尤其反对它们认为可能对工会有害的立法。作为回报，工会支持进步的反对党，一些工会开始组织非正规工作者，并在公民社会中开展活动。在选举竞争中，候选人开始寻求工人选票，竞选期间对不平等和不稳定就业的关注也开始影响政策讨论。

最后，长期争取民主的一个结果是社会运动工会主义的出现，它超越了企业工会狭隘的关注面。与日本一样，企业工会往往最关心正规工作者的情况，而在与非正规工作者相关的问题上做得努力较少。民主化改变了这一点，因为公民社会组织摆脱了威权时期所受的严格限制。它们的表达和集会自由得到了增强，媒体不再受国家控制，这些都支持了它们的行动主义。公民社会组织还吸引了前政治活动人士，他们在20世纪80年代推动过学生和工人之间的团结合作，经验丰富。大体上而言，公民社会组织就是在利用扩大的政治空间提出与劳工权利相关的问题，争取公众对工人和工会的支持，促进劳工改革和经济民主。示威、群众集会和其他政治干预将长期被压抑的劳工问题公之于众。重要的是，公民社会组织加强了公众对不稳定就业者所受歧视的关注。在有些活动中，它们为罢工和示威的工人争取到了知名人士的支持。韩国最大的非政府组织参与连带就是这样的一个例子。该组织由政治活动人士于1994年成立，旨在倡导社会正义和促进进步的社会改革。它带头解决不稳定就业的问题和组织不稳定就业的工作者，深知即使在民主化条件下，非正规工作者也面临着劳动法未充分解决的挑战。成立于2000年的倡导组织韩国非正规职中心（Korean Contingent Workers Center）是该国最小的非政府组织之一，作为表达非正规工作者诉求的网络中心，一直在推动非正规工作者的权利。根据法律，非正规工作者不能成为公司工会的成员，这导致他们的工会化程度低，结社力量薄弱（见后面的讨论）。因此，这两个公民社会组织在提高公众对非正规就业问题的认识和倡导非正规工作者权利方面发挥了重要作用。

简而言之，为结束威权主义而进行的斗争与经济危机期间民主政治和政治权利的发展共同让不稳定就业变成了一个政治问题。尽管公民社会组织在将问题政治化方面发挥了重要作用，大企业的工会却并未对非正规工作者工作条件表现出多大兴趣，因为大部分非正规工作者都在中小企业。在企业工会制度下，只有正规工作者才有资格成为工会成员，这意味着工会及其成员都集中在大企业。一些工会领导人表达了对非正规工作者的声援，但基层对支持非正规工作者并没有表现出太大的兴趣。动员对非正规工作者的支持和组织支持活动的责任落在了民间社会组织身上。

法律、政治和不稳定的工作

经济危机导致大量裁员，企业面临亏损，扩大非正规就业成了降低成本的途径。为了推动就业（但方向有误），政府也提供了激励措施。对劳动法进行了修订，鼓励企业更多地使用非正规工作者，此外，国民议会于 1998 年出台了《派遣劳动者保护法》，劳使政委员会规定了劳务派遣合法的就业领域，包括清洁、保安、护理、导游、电脑维修等。结果如第 4 章所述，非正规工作者人数不断增长。

1997—1998 年金融危机之后，随着非正规工作者的数量迅速增加，非正规工作很快成为一个公共议题，权力滥用、歧视、工资低和社会保障有限这些问题显现出来。民间社会组织对政府持高度批评态度，要求对非正规工作者提供更好的保障，有些组织甚至要求不再允许非正规就业这种形式存在。2000 年 5 月，一群民间社会组织和小型非正规工作者工会组织了两个大学生社会运动组织："派遣服务工作者权利和非典型工作者的歧视废除连带"（Pagyeon Seobis Nodongja Kwonriwa Teuksugoyong Nodongja Chabyeol Cheolpae Yeondae），以及"合同工联合会"（Beejungkyujik Yeondae）。这两个组织汇集了 20 多个公民社会组织和劳工维权组织。大约在同一时间，民主劳总开始了全国性的大罢工，要求每周五天工作日，并为危机期间的减薪提供补偿。民主劳总还要求结束对非正规工作者的歧视。虽然在短暂的罢工期间不是核心诉求，但为非正规工作者伸张正义的诉求已提上政治议程，工作者的小规模抗议以及民间组织和公民支持的声援集会持续爆发，有的持续数月，甚至几年。后来在 2002 年，民主劳总成立了一个非正规工作者委员会。

工会、工作者和公民社会组织采取一致行动的一个重要结果是劳使政委员会于 2001 年 5 月成立了非正规工作者特别委员会。该委员会内部的辩论涉及非正规就业的程度、工作条件、劳工权利、组织代表等问题。其审议的结果之一就是对前面讨论过的非正规工作者的定义做出了让步。

2004 年 9 月 10 日，政府宣布打算制定两项关于非正规就业的法律：《非典型和兼职工人监管法》（*Law on Regulation of Atypical and Part-time Workers*）和《派遣工人保障法》（*Dispatched Worker Protection Law*）。由于这两项法律将非正规就业类别合法化，工会继而表示反对，并要求完全废除该分类。2004 年 9 月，民主劳总领导人在执政党办公区静坐抗议。此后，民主劳总代表大会宣布将举行另一次总罢工。在总罢工之后，2005—2006 年这两项法律获得通过，民主劳总在此期间又召集了 15 次罢工。

保守的韩国劳总也反对拟议的法律。在 2005 年 5 月担任韩国劳总主席的就职演说中，李龙得（Yong-Deuk Lee）宣布将与公民社会组织和民主劳总合作，以阻止这两项法律获得通过。一个民间社会组织的联盟还在全国范围内组织了街头示威和集会，要求废除这两项不人道的法律。工会和公民社会组织的这些行动使非正规就业成为公共讨论的重要话题。商业协会的回应是呼吁对罢工者提起民事和刑事诉讼，并用非工会成员取而代之。

各方的协同行动促使立法者和政府颁布了几项旨在保

护非正规工作者的法律，这些针对固定期限、兼职和派遣工人的法律均于 2006 年通过。《期间制和兼职工人保护法案》（*Fixed-Term and Part-Time Workers Protection Bill*）旨在规范雇佣条款。立法规定，在有条件的情况下，非正规工作者应在三年后转正。工会和公民社会组织的回应是要求政府取消而不是再监管非正规就业。

显然，韩国工会通过劳使政委员会在立法和提高对非正规就业相关问题的认识方面发挥了作用。但是，与日本一样，由于劳动法将工会成员资格限制为企业的正规工作者，韩国工会继续将大部分工作重点放在正规工作者身上。工会也面临着难以组织非正规工作者的挑战，由于这些工作者不会在同一个工作场所工作很长时间，因此把他们组织起来挑战不小。结果是，2016 年非正规工作者的工会密度不到 3%，而正规工作者的工会密度为将近 17%。结社力量薄弱意味着非正规工作者的要求往往不能通过制度化的渠道很好地表达出来。对此，一种反应是通过极端抗议形式，例如"空中抗议"——长期占据塔楼和起重机——以及自杀和绝食，以获得关注和政治影响力。当非正规工作者成功地与正规工作者或公民社会组织团结行动时，他们在一些与管理层的斗争中赢得了胜利。

这种极端的抗议确实吸引了公众对非正规就业的关注。由于选举频繁，政治候选人也必须应对就业不稳定问题。例如，在 2017 年总统大选期间，民主党候选人文在寅（Moon Jae-in）把"没有非正规工作者的韩国"作为竞选口号，坚定地将其对非正规就业和相关的不平等加剧问题的看法加入了他的竞选纲领。当选总统之后，文在寅宣布了在其任期内实现公共部门零非正规工作者的政策。他还创建了就业委员会，2017 年 7 月，他的政府提出了《公共部门非正规工作者正规化指南》（*Guideline for Regularization of Nonregular Workers in the Public Sector*），劳动部正式提交了一份政策文件，设定了将公共部门 20.5 万名非正规工作者正规化的目标。

2017 年 5 月 12 日，新当选总统的文在寅视察了仁川国际机场公司（Incheon International Airport Corporation，IIAC），宣布要将该公司的非正规工作者转为正规工作者，这次视察具有象征意义。仁川国际机场公司作为一家公共企业之所以成为目标，是因为该公司非正规工作者的比例巨大，占其员工总数的 84% 以上，而且其正规工作者的工资比非正规工作者高得多。根据文在寅提出的倡议，一些公共企业的首席执行官也开始试图将非正规工作者转为正规工作者。

在公共部门将非正规工作者转正的努力遭到了政府部门、相关企业和工会的正规工作者的抵制。隶属于韩国劳总的仁川国际机场公司正规工作者工会与隶属于民主劳总的非正规工作者工会之间的冲突在工人阶级中划下新的裂痕。仁川国际机场公司的正规工作者向宪法法院提交了一份请愿书，认为文在寅的政策有所不公，因为它仅凭政府命令就立即将非正规工作者转变为政府部门的正规工作者，没有展开进行恰当的考核。正规工作者抱怨说，他们花了数年时间准备笔试和面试，这些都是在保证终身就业的公共企业获得一份工作所必需的。公共部门职位特别受大学生青睐，尤其是在1997—1998年的金融危机之后。相比之下，包括青年工会和青年参与连带在内的53个青年组织发表了一份联合声明，批评仁川国际机场公司的正规工作者工会为企业的双重雇佣结构辩护。尽管如此，在持续的冲突中，公共部门的15.7万名非正规工作者（超过90%）被转为拥有长期合同类型（合同期限不固定）的正规工作者或相关子公司的正规工作者。

在竞选期间，文在寅曾承诺将最低工资提高到每天1万韩元（约合9美元），随后还会逐年提升。他提议在2018年上调最低工资，遭到了依赖低工资非正规工作者的小企业所有者的抵制。他们批评加薪更加钳制了已经举步维艰的小企业的发展，而它们在经济中占很大比重。他们的投诉得到了保守派媒体和反对党的支持，不满情绪十分强烈，劳动部和企划财政部（Ministries of Labor and Budgetary Planning）成立了联合工作组，为小企业制定缓解措施。2017年7月，联合工作组发布了针对小型雇主的强制性减税和就业支持基金。面对小企业主在首尔中央广场大规模示威等持续压力，政府减少了 2018 年之后的最低工资涨幅。实际上，是官僚系统在无视文在寅的选举承诺。

在私营部门，文在寅的政策创新成果为非正规工作者带来的好处非常有限。部分原因是经济增长仍然低迷，限制了私营部门非正规工作者正规化等政策创新的可能性。这种低增长源于美国和中国之间不断发展和加深的经济摩擦。由于韩国要求日本为"二战"期间慰安妇进行赔偿，2019 年日本宣布限制对韩国出口高科技材料，外交和经济上的紧张局势加剧了韩国低迷的经济状况。此外，2020 年的新型冠状病毒肺炎疫情进一步限制了文在寅的改革议程。疫情产生了双重影响，因为非正规工作者尤其受到了疫情的不利影响。

尽管有大量的行动主义运动和新立法，但事实是非正规工作者仍占韩国工作者总数的三分之一左右，而且从 2002 年开始就一直是这样。

印度尼西亚

在前总统苏哈托的新秩序政权下，政府工作的重点是保持经济高速增长，这影响了劳动市场监管制度的形成。为了实现经济高速增长的目标，苏哈托政府通过限制劳工行动主义和组织来支持私营和国有企业的雇主，旨在促进政治稳定，并将工资保持在较低水平。政府禁止或限制罢工和组织劳工行动，劳工受到严格控制，国家成为劳资关系的核心。但事实上，劳工几乎没有发言权，而且除了少数例外，几乎看不到劳工行动主义的发展。

在 20 世纪 80 年代后期和 90 年代，在出口导向型制造业扩张的推动下，工业化进程加剧，外国投资越来越符合世行对市场自由化和放松监管的建议。作为回应，印度尼西亚劳工政治在 20 世纪 90 年代初复苏，其主要推动力量是支持劳工的非政府组织的努力，以及国际上就其糟糕的劳工关系对新秩序政权施加的压力。除了国家的官方工会外，其他所有工会都受到压制，非政府组织的行动主义推动成立了类似工会的组织，以挑战国家对于劳工的权力优势。这种行动主义产生了一些影响，在 20 世纪 90 年代初期和中期，工资在长期处于异常低水平之后大幅增加。然而，正如我们所见，主要是正式经济领域的工作者才享受到了最低工资。

对劳工行动主义和工资上涨感到紧张的各种国际机构开始提倡更深层次的劳动力市场化。例如，世行呼吁能够建立这样的劳动力市场："行动由基于市场的激励措施驱动，产生一个劳工和管理者合作的劳资关系体系，使全要素生产率得到提高"。世行提倡推行"恰当的政府政策"，以确保"基于市场的激励措施"，以鼓励"员工和雇主进行理性谈判，考虑其行动的成本和收益"，并且工资将"由市场经济中的供需力量来决定"。世行似乎将工资上涨归咎于新秩序政权，并特别批评通过国家政令规定的工资水平。它提倡一种市场工会主义，认为成立工会的自由是一项重要的基本权利，但它将其概念化为个人而非集体劳工的权利。换句话说，劳工问题被留在公司层面来处理，在某些情况下在省级层面解决。超出这一水平的集体行动被视为是对市场的扭曲。这样的改革要等新秩序政权垮台才会开展。

改革时期的劳工

与韩国一样，1997—1998 年的亚洲金融危机对印度尼西亚工人来说是一个分水岭。苏哈托政府突然垮台，带来了一波政治和经济变革，相当于是新自由主义化的民主化。在政治和公共政策中，劳工、行动主义者和民间社团利用民主政治空间，注册工会和非政府组织，并参与更多的集体行动。此外，政治分权和经济市场化进程对劳动力产生了重要影响。

就在苏哈托下台之前，大量工人加入了学生和其他民间社会行动者组织的街头示威，并占领了国家议会大楼。这样的联盟预示着劳工行动主义将出现高涨局面，达到 1965 年以来从未有过的水平。经过数十年的国家控制和镇压，在改革初期，印度尼西亚围绕劳动法、权利和条件的改革做出了很多努力。这种行动主义的最初目标是成立新政府和众多政党，让它们共同在全国各级竞选中互相竞争。在经济危机最严重的时期，劳动力经历了相当大的动荡。除了政治转型外，就业构成、劳动力扩张、技术变革、企业重组以及生产和投资的超全球化趋势也出现了变化。

一个结果是大量立法，这改变了劳资关系体系。政府开始修改劳动法，基本上是在弥补数十年的蓄意忽视所留下的空白。从 1998 年 5 月到 1999 年 10 月，政府批准加入了八项国际劳工组织公约，并制定和更新了大量劳动法，规定了基本权利：组织工会、参与谈判和罢工，以及制定有关工资、解雇、工作时长、社会保障、病产假、假期工资、加班费、遣散费、承包（包括临时雇佣合同）和生产外包等的若干最低标准。

然而，尽管有了所有这些法律创新和行动主义，过去的阴云仍然严重笼罩着劳资关系。苏达尔索诺（Soedarsono）和马瓦尔迪（Mawardi）写道："印度尼西亚有大量且很大程度上不良的监管遗产……（有）从很久以前积累起来的众多国家和地方性法规，现在仍在增加。"同样，法律法规的实施和执行也是主要问题，尤其是在这些主要由新授权的地方政府负责的情况下。尽管法律法规很多，但到 21 世纪头 10 年中期，显著缺陷才开始被注意到。例如，旨在保护工人权利的工厂检查由于国家资金补不足而受到限制，新法律所建立的机制薄弱而有限。

执法力度不够，很多法律法规模糊不清，执行起来有些杂乱无章。一些法律赋予了官员相当大的自由裁量权，为腐败和机会主义、歧视性和滥用执法提供了基础。其他法律方面的修修补补也限制了工会保护工人的能力。例如，罢工权在法律中有明确规定，但只是作为"最后手段"，并且只有在已经穷尽各种协商机制之后方可使用。当然，这个发展中的监管框架是一个争论的焦点，而最初是该框架将企业和劳工拉到一起共同寻求改革。然而，根据这个逐渐浮现的新自由主义政策框架，雇主和国家官员继续拥有最大的权力，并且经常合作与劳工作对。

总体而言，工会从改革中有所获益，尤其是通过扩大成员人数。然而，尽管劳动力如此庞大，工会化水平仍然很低，并且主要局限于正式部门。联合会和工会数量众多，存在相当大程度的碎片化，这意味着工会的观点不一定能反映在公共政策中。工会成员人数的减少加剧了这种情况。最初的组织热情过后，工会成员从 21 世纪初开始下降。一些人认为工会成员人数甚至低于图 6-2 所示的人数。例如，福特（Ford）估计总劳动力的工会密度仅为 3.6%，正式部门的工会密度仅为 11%，而公平成衣基金会（Fair Wear Foundation）根据官方数据估计，仅有超过 2% 的总劳动力加入了工会。这意味着 1.22 亿工人中只有 250 万是工会成员，工会密度是本书所讨论的三个国家中最低的。劳工问题在最近的全国选举中发挥的作用很小，这一事实凸显了有组织劳工在政治领域的影响力十分有限。

在政治层面，有组织劳工的行动主义最初受到了经济危机、工会分裂和有限的跨阶级联盟造成的大规模失业的限制。所有这些都意味着劳工无法在政治和政策辩论中（后者更为重要）发出清晰一致的声音。影响政策的一项努力是成立印度尼西亚繁荣工会（Serikat Buruh Sejahtera Indonesia，SBSI），这个社会运动联盟是在 1992 年由公民社会组织和劳工、学生和人权行动者组成的联盟所成立的。在改革初期，印度尼西亚繁荣工会向政府施压，要求提高工资并进行福利改革，甚至还成立了一个劳工政党——工人党（Partai Buruh）——以推动有利于工人阶级的改革。

工人党在选举中并不成功，尽管来自几个政党的有抱负的政客已经在努力去拉工人选票，但工人和工会的政治影响力仍然有限。对最低工资的狭隘关注凸显了劳工政治的局限性。当工资设定（权）下放给地方工资委员会时，工会倾向于主要关注地方的政客和最低工资。有一段时间，这带来了一些显著的工资增长，一些地区工会之间也增加了协同性。然而，工资增长受到了雇主的挑战，他们说服中央政府重新将工资设定（权）收回中央，政府还颁布了限制工资增长的新规定。当然，雇主通常直接拒绝支付最低工资，这意味着只有极少数劳动力获得了最低工资。

工会在政治上缺乏代表性，这在 2020 年得到了明显的体现。在疫情期间，维多多总统的政府推出了一项新的综合法案，修改了 76 项法律，其目的是通过改变就业法和减少在正式部门就业的工作者的福利来促进投资，促进商业发展。同时，新的综合法延长了法律允许的加班时间，并减少了对外包的限制。该法律还在权力下放和环境控制方面 180 度大转弯，而此举受到了印度尼西亚工商会（Indonesian Chamber of Commerce and Industry）的欢迎。该法的全文在议会通过并得到总统批准后才公开。政府声称咨询了工会的意见，但工会予以否认，这导致数以万计的工人与学生和其他反对者一起在全国各地进行了数天的抗议。

如前所述，劳动法律法规的执行存在问题。阿门瓜尔（Amengual）和希罗（Chirot）发现，在有工会且成员人数众多的企业中，工会确实对劳动法规的执行产生了一定的影响。但强大的工会往往会引起雇主强烈反对。雇主采取了各种策略，包括威胁将企业搬到其他地区、恐吓或解雇工会领导人、试图影响官员为雇主行事等。世行继续推动以市场为基础、由激励机制驱动的劳动力市场，因此，先前立法通过的一些家长式保护措施被废除，企业获得了它们想要的更灵活的劳动力法规，这一趋势在 2020 年《综合法案》出台后得到了加强。

对工会和工人的另一个限制是，大多数就业都在正式部门之外，因此超出了许多重要法律法规的范围。《人力法》（*Manpower Law*）允许公司使用长期和非长期雇佣合同，后者最长为两年（可以续签一年）。雇主经常说他们会利用临时合同来避免负担沉重的遣散费。另外短期合同有利于灵活招聘和解雇，并能防止工会嵌入公司。《综合法案》承诺降低遣散费，并提供更多的劳动合同形式。尽管工会取得了一些成功，但短期、固定期限合同仍在广泛使用，法规和合同的执行极为不力，这意味着大多数雇主会违反合同规定。

重要的是，尽管新秩序政权对各种体制进行了相当大的改革，但社会福利覆盖面仍然很小，大多数工作者没有保障。该国在相关方面取得了一些成果，但这些成果仅为少数工作者带来了好处。1998 年后推出了一系列以减贫为重点的新的社会福利和保障计划。世行的信息显示，当政府被要求指出用以降低不平等的政策中哪个最重要时，排名最高的政策是社会保障计划。接下来的排名前六的政策中有四项与福利和就业有关，它们分别是创造更多就业机会、免费教育、免费医疗保健和提高最低工资。国家和地方的选举竞争——特别是总统级别的选举——鼓励一些政党提出福利计划，以吸引选民对它们的领导人和候选人的支持。很明显，大部分没有从雇主那里得到任何好处的不稳定就业者以及没有保障的自营职业者认为这些计划很有吸引力。在市场化的印度尼西亚，政党显然在响应市场需求。然而，由于工会密度极低，该国在动员劳动力以提高社会福利方面所做的努力太少。

小结

本章我们讨论了日本、韩国和印度尼西亚的劳工政治态势。不稳定就业对工作者及其家庭造成了许多负面影响，劳动力市场内外都缺乏充分保障，这些原因推动了上述三国劳工政治动态的发展。这些议会民主国家必须在雇主对更大灵活性和经济产出的需求与工作者对更多工作机会和经济保障以及社会保障的需求之间取得平衡。

我们概述了三个主要的政治参与者——政党、工会和公民社会组织——之间的互动，它们试图通过修订劳动法和加强社会保障来缓解对不稳定就业的担忧。由于三个国家的政治制度以及工会和公民社会组织的力量有所不同，这些动态在三个国家中也各有不同。我们没有找到证据表明存在单一的"亚洲"监管改革模式。正如戴约所说：

> 区域发展的变化表明，寻找劳动市场监管改革的

"亚洲"模式可能是错误的。此外，从更广泛的角度来看，这些不同的区域经验都能找到共同的源头，即占支配地位的群体为实现其核心利益和巩固其政治地位而在战略上做出努力，它们的做法会减少社会福利的成果、缓和政治紧张局势，并在体制上增强持续增长的可能性。

在日本，自民党在政治舞台上一党独大的地位让工会很难推动支持非正规工作者的劳动法和社会保障措施。民间社会组织在地方也往往相对分散，因此很难在全国范围内发起抗议。然而，自民党对维持经济增长的关注也让它采取了一定（尽管有限）的措施去缩小与非正规就业相关的各种差距。日本显著增加了社会保障支出，但这更多是出于人口老龄化的原因，而不是为了加强非正规工作者的保障。

相比之下，韩国各政党之间竞争更为激烈，有时在社会运动中合作的工会和公民社会组织能够与政党结盟，推动劳工改革，以改善非正规工作者的状况。由于（韩国）与日本等国紧张的经济关系催生出了经济压力，这些努力受到了限制。尽管没有达到日本的程度，但韩国也增加了在社会保障方面的支出，但主要原因同样不是为了解决不稳定工作从业者的问题。

在印度尼西亚，随着民主化的发展，劳工问题取得了一些进展，但近年来有所减弱。劳工已被边缘化，在向政府施压方面变得无效。工会目前处于势弱，这反映出它们组织水平低，而且工会组织主要局限于正式经济领域。因此，工作者关心的问题在最近的全国选举中的影响力很小。相反，国家、政府和政党一直在回应商业团体的需求，包括2020年《综合法案》在内的许多改革都反映了企业的诉求。与此同时，政党在地方及（特别是）总统竞选中的竞争促使政党提出了一些福利计划，以换取选民的支持。

总体而言，日本、韩国和印度尼西亚政府更倾向于满足企业对灵活性的需求，这意味着工作者（特别是那些最容易受到不稳定就业影响的工作者）在提高就业保障方面关注的问题并没有得到充分解决。这几个国家的工会化程度低且仍在普遍下降，工会大多是企业一级的组织，企业以外的协调行动仍然有限。此外，几乎所有非正规工作者都没有（工会）组织，而且支持劳工的政党（就算有）通常势力都很弱。因此，劳工几乎没有重要的政治资源来为其利益和要求向国家或政党施压。因此，公民社会组织在影响劳工政治方面发挥了重要作用，特别是在韩国和印度尼西亚，公民社会组织在表达诉求、提高人们对不稳定就业者困境的认识，以及推动政治行动方面积极地发出声音。

然而，民主政治和政党之间的竞争，尤其是在韩国和印度尼西亚，为改革雇佣关系以及赋予正规和非正规工作者更大的社会保障提供了一些机会。尽管代表不稳定工作者利益的制度化渠道有限，但他们可以通过投票和公民社会组织表达自己的声音。尽管政党对不稳定工作从业者的支持仍然很少，但不安全感和忧虑在更大人群中的蔓延有可能为劳工制度改革创造政治上的支持。

正如在印度尼西亚和韩国所看到的那样，世行或国际货币基金组织等国际组织直接影响了劳工政策，尤其是在亚洲金融危机之后。完全不同的是，自20世纪90年代初以来，诸如1985年《广场协议》之类的国际协定对日本经济产生了深远的影响。最近，自由化和市场化政策已成为这三个国家政策"正常的"基石，它将新自由主义逻辑嵌入了国家政策。

这些国家的具体政策和制度变迁，通过斗争和妥协、对抗和讨价还价、压制和抵抗等复杂的互动，与不稳定就业的变化联系在一起。当面临来自全球资本和全球经济机构的压力和各种紧张关系时，每个国家的劳工政治（包括政党竞争和政策制定）都起到了或者有可能可以起到调解的作用。

结语

我们研究了不稳定就业在日本、韩国和印度尼西亚扩大和嵌入社会的背景、原因和后果。不稳定就业具有不确定性和经济上的不安全性，并将工作风险转移给工作者。关注不稳定就业的意义在于其对工作者、他们的家庭和社区具有重要的经济和社会影响。这些方方面面的影响比许多学者预期的要广泛得多，因为它们改变了工作安排，往往还改变了人们与社会和政府之间的关系。

我们的核心理论观点是，不稳定就业的程度和后果反映了特定经济部门中跨国和国内资本及劳动力的相对优势或劣势。同样，不同工作安排中的人可获得的社会保障因国家的经济、社会和政治政策不同而异，这些政策强调市场、财政自律、贸易、投资和自由化的相对重要性（例如，放松金融监管、权力下放、私有化）。这一论点借鉴并汇集了两种理论方法：一种是历史制度主义，认为制度一旦在关键时刻建立，就会在更广泛的社会中影响行为；另一种是批判性的政治经济学方法，它强调制度虽然有自己的历史，但源于特定的社会和政治斗争，尤其是资本和劳动力之间的斗争。这两个方法是互补的，政治经济学方法解释了塑造国家内部制度的国内外力量，而历史制度主义解释了这些制度如何构建了不稳定就业及其结果。

日本、韩国和印度尼西亚的案例提供了有用的视角，通过它可以评估国际和国内因素在塑造不稳定就业及其结果中起到的作用。日本和韩国是发达且相当成熟的经济体，而印度尼西亚仍然是一个中等收入国家，可以认为这三国在亚洲各资本主义经济体中具有广泛代表性。这让我们可以对经济的各个方面（工作安排、市场、公司和贸易）进行比较评估。同时，这三个政治民主国家各具特点，可以让我们对它们的政党、议会和公民社会进行比较分析。

日本、韩国和印度尼西亚的不稳定就业是国家、资本和劳工之间复杂的社会和政治竞争的结果，涉及政府、政党、跨国公司、当地企业、工会和民间社会组织。企业不仅面临扩大增长、生产力和利润的压力，还要减轻经济危机和放缓的影响，在各种压力之下支持政策的新自由主义转向。这些政策挑战了曾经提倡由国家主导的发展主义的日本和韩国等强大的东北亚国家。这些国家在当地和跨国企业的支持下，促进了就业和社会保障的自由化，改变了劳动力市场，并产生了各种新形式的非正规就业。从 1998 年开始，印度尼西亚自 20 世纪 60 年代以来的第一个民主政府面临严重的经济衰退，它与当地和跨国企业以及国际金融机构一道，在民主化的过程中开始自由化。

尽管三个研究对象国家各有不稳定就业的不同历史模式，但近年来不稳定就业的扩大是由于两个层面上的力量起作用：资本主义的全球动态（例如这些国家在全球分工中的地位和由此产生的资本、投资、商品和服务的流动），以及这些国家的国内政治经济（即它们各自不同的发展水平、历史、社会文化和政治轨迹）。全球动态在日本、韩国和印度尼西亚以不同的方式发挥着作用，这取决于它们的政治、各自的历史、人口结构、性别关系和其他社会文化因素。

在资本主义全球动态方面，日本和韩国都试图通过引入支持特定工业部门、保护国内市场、战略性限制外国投资和促进商品出口的国家干预主义发展战略来赶上西方。这推动了强大的企业集团的发展，促进了正规工作者的雇用，这些工作者在 20 世纪 60 年代至 80 年代享有相当不错的就业和经济保障。在 20 世纪 60 年代中期，印度尼西亚拥有强大的国家机器，但它并没有采取强有力的中央集权的经济政策，而是在超全球化时代依赖外国投资及区域和全球生产链。日本和韩国的大量投资涌入，并将工厂生产转移到印度尼西亚。与日本和韩国相比，印度尼西亚在工业基础未充分发展的情况下，从以农业为基础的经济向以服务业为主导的经济转型尤为迅速。在这三个国家中，新自由主义全球化为各国开放劳动力市场和重构福利体系创造了动力，由此导致了工作条件不断恶化，资本流动性增强，劳动力组织削弱，经济不平等加剧。

我们通过统计和定性数据说明和支持了我们的比较理论论点，这些数据可以让我们对日本、韩国和印度尼西亚的不稳定就业及其后果展开细粒度分析。日本和韩国的非正规就业一直都在扩大。自20世纪80年代中期以来，日本的非正规就业人数连续30多年不断增加，韩国的非正规就业人数在1997—1998年金融危机之后呈爆发式增长，然后在21世纪头10年停滞在相对较高的水平。在印度尼西亚，尽管在2005年左右，被定义为正规工作者的工作者比例有所上升，但仍有大量工作者在非正式部门或自营职业，受到的保障有限。与此同时，大部分被定义为正式经济领域的正规工作者在经济上仍然没有保障，没有劳务合同，并且几乎没有任何福利。

我们还说明了非正规工作者在获得经济回报和社会保障方面所处的劣势。在所有三个研究对象国家中，非正规、非正式工作者以及自营职业者的收入较低，他们的工资水平更有可能让他们生活在贫困线以下，而且他们获得的社会保障也少于从事正规工作的人。女性具有所有与父权资本主义相关的不利条件，她们也更有可能成为非正规工作者，在这三个国家中地位都十分不利。正规和非正规工作者之间以及正式和非正式经济领域工作者之间的不平等在社会福利工资方面有所加深，社会福利工资包括工资以外的福利，如健康保险、养老金和失业补偿。日本、韩国和印度尼西亚相对薄弱的社会保障让社会福利工资更加不平等。在日本和韩国，大型雇主改善了这些福利，让中小型企业的正规和非正规工作者所处的地位更加不利。这种模式也出现在印度尼西亚，其正规工作者的福利很少，但仍然比非正式经济领域的工作者微乎其微的福利要多。

尽管我们还没有明确讨论不稳定就业对生活压力、组建家庭和育儿等非就业问题的影响，但也有大量证据表明人们在这些方面确实受到了不稳定就业的影响。例如，日本和韩国不稳定就业的扩大推动了结婚率和出生率的下降，加剧了这些快速老龄化社会的人口和劳动力供应危机。这些国家的劳动年龄人口已经在下降，再加上出生率低、移民不多，以及女性在劳动力大军中的劣势，可能会造成劳动力短缺，从而阻碍未来的经济增长。在印度尼西亚，大量不稳定的非正式工作让贫困率和不平等程度居高不下，对健康、教育和福利产生了负面影响。

劳工、民间社团和政府已经对不稳定就业的不安全性，以及劳动力市场内外劳工及其家庭缺乏充分保障的负面后果做出了反应，包括旨在减轻对劳工及其家庭产生最严重的破坏性影响的自下而上的社会和政治运动，以及政府自上而下的努力（有时受到抗议运动的推动），以此制定政策（例如更慷慨的福利政策），保护劳工免受不稳定就业的影响。在书中研究的三个民主代议制国家中，政府都需要应对雇主提高工作场所和就业监管灵活性，以及劳工需要更多就业和经济安全感及社会保障的要求。

我们对这三个国家的讨论都强调了这些一般模式的相似性和独特性，并将在下文中进行总结。

日本

为应对 20 世纪 90 年代以来的长期经济停滞，日本逐渐从国家干预产业政策转向国家主导的新自由主义化。这一政策转变在很大程度上是为了响应企业对于促进经济增长和增强竞争力的需求。自民党的政治主导地位及其与企业的密切联系意味着劳动力市场的变化是在劳动力政策投入有限的情况下发生的。这让劳动力市场高度二元化更进了一步，长期以来，按就业状况、组织规模、性别和年龄二元划分市场一直是日本劳动力市场的特征。然而，随着人口的快速老龄化，尤其是正规工作的自由化和灵活化，这种简单的二元工作制度概念已经过时。在终身雇佣制持续存在的地方（主要是在大公司），继续受益的主要是处于黄金工作年龄的日本男性，他们在资历制度中享有相对较高的工资和福利水平，以及相当大的就业稳定性。这意味着尽管正规工作者获得的保障有所减少，并且正规工作变得更加多样化，与体制外的人相比，体制内的人的情况仍然要好得多。

日本就业模式最显著的变化是非正规就业形式的增加。尤其是在服务业的大量女性临时工的增加。女性被困在非正规工作中，因为从非正规就业到正规就业的流动性极为有限。从非正规就业到正规就业的转变对男性来说也很困难，这突出了一踏入社会就作为圈内人（从事正规工作）开始职业生涯的好处，并突出了与非正规就业相关的不安全感。就业的性别差异还意味着从事非正规工作的女性的收入低于男性非正规工作者，也低于正规就业的女性和男性。自 20 世纪 90 年代以来，进入正规工作体系的机会减少，成为非正规工作者的男性数量增加。与过去一样，年轻工作者和老年工作者更有可能打零工、兼职和低薪就业。

劳动人口的不稳定状况在很大程度上要归咎于与前述东亚社会福利模式相关的以企业为基础的福利制度。那些在大企业或公共部门工作的人比大多数中小企业员工、非正规工作者、妇女和自营职业者享有更好的福利，后者在国家社会保障计划中依然没有得到很好的保障。日本增加了社会福利支出，但这主要是由于与人口老龄化相关的养老金福利有所增加，而不是因为福利惠及了非正规工作者。这一增长也反映出一党独大的自民党努力在发展一种"唯福利主义"，通过这种形式以利益换选票。

韩国

与日本一样，韩国也有一个二元劳动力市场，分别是在 /
不在大型企业集团就业的圈内人和圈外人。自 1997 — 1998 年
金融危机以来，韩国经历了全面的新自由主义改革。这些改革
是对国际货币基金组织关于自由化、高失业率以及企业要求增
加就业灵活性的要求所做的回应。结果之一是非正规工作爆炸
式增长，工作广泛临时化，尤其是在危机中特别艰难并努力降
低工资成本的中小型企业中。除此之外，相对规模较大的自营
职业部门一直存在。在韩国，自营职业是一种特别重要的不稳
定就业形式，人们从事这种工作是为了维持生计。与日本一
样，韩国女性更有可能成为非正规工作者，尽管非正规就业的
性别差距比日本要小。此外，由于福利制度是一项相对较新的
创新，越来越多的老年工作者在从事低薪工作，临时工、兼职
工和自营职业者也是如此。

与日本相比，韩国的民间社团更为积极，致力于解决非
正规工作者、不稳定就业和不稳定生活的问题。这种行动主义
是反极权主义运动的结果，这些运动将工人、学生和公民社会
组织聚在一起。随着民主化和竞争性选举政治的发展，政治空

间逐渐开放。民主空间让社会运动能够支持不稳定就业者，利用极端抗议来提高对这些工作者处境的认识，吸引公众和国家的关注。选举竞争为公民社会组织提供了更多的机会，突出了与不稳定就业相关的更广泛的问题，并把它们作为社会问题来讨论，这通常以政治候选人为目标。其中一些候选人已将非正规工作者问题纳入其竞选议程，包括竞选总统时的文在寅。近年来出台了一系列政策措施，例如将公共部门的非正规就业人数减少到零，以及文在寅采取的其他非正规就业措施，说明选举政治、社会运动和非正规工作者抗议之间的关系在不断演变。尽管还有很多工作要做，但此类政策创新也表明，与保守政权掌权相比，"左倾"或进步政府掌权为促进不稳定就业者的利益提供了更好的机会。

同样，与日本一样，韩国福利制度的特点是与东亚福利国家相关的以公司为基础的制度。韩国的福利支出虽然有所增加，但仍然相对较低，与日本相比，健康保险、养老金和失业保险覆盖的正规工作者和非正规工作者的比例较小。这种情况部分是威权政权（福利保障很少）遗留下来的问题。自21世纪初以来社会保障的进步是民主选举到来的结果，政治竞争涵盖了社会政策和福利创新需求的问题。国际货币基金组织向金大中政府提供的政策指导也加强了社会保障，这些指导方针的内容是在1997—1998年的金融危机之后立即提供援助的条件。

尽管如此，与日本一样，韩国的社会福利保障仍不足以解决不稳定就业的负面影响，尤其是对非正规工作者和自营职业者而言。

印度尼西亚

与韩国一样，1997—1998 年的金融危机刺激了印度尼西亚的变革。在没有东北亚的发展主义政策的情况下，印度尼西亚军方支持的新秩序政权努力将该国发展成为日本和韩国资本寻求廉价劳动力和自然资源的投资目的地。在实施这些有利于商业的政策时，新秩序政权在其执政三十年中的大部分时间里都严格控制着劳动力，并压低工资水平。1997—1998 年的金融危机导致了政治危机，苏哈托政府下台，并带来了与深化新自由主义政策相结合的民主过渡。在新秩序的三十年里，工会和工人集体行动受到压制。在 20 世纪 90 年代初，一些公民社会组织支持劳工改革。在苏哈托政权被推翻后的最初几年里，这些组织联盟得以维持，国家通过了大量关于就业和劳工的新法律，更新了劳资关系制度，允许集体谈判，并提高了工资。然而，这些最初的努力已经失去了政治动力，工会密度已经下降到低水平。

无论如何，印度尼西亚发展的主导模式是相对有限的工业化，就业向服务业转移，非正式经济领域规模庞大，有大量无薪工作者和自营职业者。与韩国一样，从事自营职业是为了维持生计。尽管官方数据表明签订了劳动合同的工作者比例有所增加，但许多就业研究表明，大多数合同仅涉及最低工资或最低福利的内容。印度尼西亚与日本和韩国的不同之处在于该国仍然有许多人从事农业。工作类型的转变往往是从农业的非正式工作到新兴服务部门（包括快速发展的平台经济）的非正式工作。非正式经济领域的强大韧性意味着大多数工作者受雇时没有签订合同，并且拿不到最低工资。即使在制造业，非正式的就业状况也仍然很普遍。妇女和年轻人更有可能进入非正式经济领域就业。

今天，大多数工作者仍被困在低工资、低生产力和不稳定的工作中，这些工作几乎无法提供社会流动的机会，也不能在经济衰退期间消除贫困威胁。这意味着大多数工作者仍然属于贫穷脆弱的人群，随着不平等的迅速加剧，他们被社会发展抛在了后面。由于工会只代表一小部分工作者，因此在全国和地方选举中，不同的政党提出了福利计划，以吸引大量就业不稳定的工作者和其他贫困选民。

与韩国一样，印度尼西亚的福利支出自2000年以来一直在扩大，可以被视为是选举竞争日益激烈的产物。尽管民选政府新推出了许多扩大了覆盖范围的福利计划，但社会支出仍然微薄，而且重点是减贫。此外，获得社会保障的机会受到了缴费要求和保障范围狭窄的局限。例如，国家规定只有特定穷困群体可以加入社会保障计划。非正式工作者的覆盖面尤其有限。

展望未来

不稳定就业及其后果取决于三个因素：跨国的全球政治经济；国家（地方）政治；工作者争取体面工作和安稳生活的斗争。正如我们所论，新自由主义的全球化、就业模式的转变、父权制性别化制度、社会保障不足和劳工政治的相互作用减少了获得"好工作"的机会，这是这三个国家不稳定就业及其后果的根源。但这种现象不仅限于亚洲，而且遍及全球。

在西方，不稳定就业兴起于新自由主义化的背景下，恰逢 20 世纪 40 年代至 70 年代福特主义的削弱以及与其有关的福利国家的衰落。这些变化的一些推动力在应对经济危机的背景下形成，包括 20 世纪 70 年代的石油危机。在亚洲，新自由主义政策的推进和不稳定就业的兴起也与经济衰退有关。在西方和亚洲，不稳定就业并不是新现象。这是两个地区资本主义兴起过程的一部分，随着时间的推移，政治和社会斗争以及法律法规和工业生产的变化让不稳定就业发生了变化。然而，

1945 年后亚洲不稳定就业的发展存在差异。在日本、韩国和印度尼西亚，工作和福利由生产主义的工作和经济发展概念来决定。这三国的福利体系被认为是东亚社会福利模式：福利不发达，性别化差异大，社会保障由个人、家庭和公司来担负。根据近年的发展来看，新自由主义政策改变了性别化的就业制度和相关的福利安排，对家庭产生了深刻的影响。在日本，女性主要从事服务业的非全日制工作。在韩国，自营职业一直是失业或无法获得工作的人的一种谋生方式。在印度尼西亚，自营职业、无偿工作和服务业就业已在其劳动市场占主导地位，使该国跳过了工业化阶段。国家在社会保障方面扮演的角色相对较新，每个国家都未能充分提供满足从事不稳定工作的工作者及其家庭需求的社会保障。

在这些国家，非正规就业兴起的一个主要推动力是企业试图通过降低成本——尤其是劳动力成本——来提高赢利能力，在西方国家也是如此。在过去的几十年里，为了降低成本，在新的劳动分工过程中，公司已经将生产外包或搬离到低工资国家，以此形成了全球生产链和价值链。最初，这种离岸外包主要由寻求廉价离岸生产基地的（工业化的）西方公司主导，这些基地就包括东亚和东南亚。在过去的二三十年里，这一趋势已经扩大到来自包括日本和韩国在内的工业化后发国家的公司，甚至包括发展中国家的公司。另一个趋势是从投资离岸生产到将生产外包给第三方企业的转变，这种转变也出现在服务的离岸外包中。在这一过程中，印度尼西亚等低工资国家的公司寻求通过一系列增加不稳定工作的就业策略来保持其在工资方面的"比较优势"。然而，即使在日本和韩国等相对富裕的国家，在降低成本、提高生产力和提高赢利能力的需求的推动下，不稳定就业也在增加。

在日本、韩国和印度尼西亚，我们注意到国家政治和政党竞争对那些由于全球资本主义重组而陷入低工资和不稳定境况中的工作者产生了影响。民主政治确实提供了通过投票、示威和协商来行使集体和工作者权力以影响政策的方式。尽管这三个国家的体制为劳动力市场相关问题提供了政治性解决方案，但不稳定就业者缺乏政治代表，这也导致他们在劳动力市场和社会福利政策方面持续处于劣势。

尽管工会倾向于关注代表正规工作者的利益，但它们也越来越关注没有工会组织的工作场所和非正式部门的非正规工作者。随着影响个人及其家庭的不稳定就业的后果越来越严重，日本、韩国和印度尼西亚的工作者和工会的积极性有所扩大。然而，以企业为基础的工会主义阻碍了全行业或以阶级为基础的集体动员，难以对抗日本、韩国和印度尼西亚不稳定就业的扩大。在这三个国家出现了支持从事不稳定工作的工作者的社会运动工会主义和公民社会行动主义，一些公民社会组织试图弥合工会、加入工会的工作者与从事不稳定工作的工作者之间的差距。在韩国和印度尼西亚，公民社会组织在引起公众关注与不稳定就业相关的问题方面也发挥了重要作用。它们支持非正规工作者争取更好的工资、更好的条件和获得福利的机会。

新型冠状病毒肺炎疫情已经颠覆了全球经济，这也许是暂时的，但它既加剧了我们在本书中描述的不稳定就业、不平等和贫困的趋势，也让这些趋势更加凸显。疫情和与之相关的经济危机加剧了对政府和公司的挑战，要求它们重新思考如何组织生产和就业。提供跨国公司赖以生存的原材料、零部件和制成品的全球供应链中断，在制造行业引发了不安。一些人认为，这可能会导致企业重新思考准时化生产的各个方面，对供应链和生产基地的选择，以及供应链内包的关键特征重新评估和重新定位。这些问题可能会给雇主施加更大的压力，需要他们通过增加灵活性和提高生产力来最大限度地提高效率，即使全面全球化已经放缓，但也可能会继续扩大不稳定的工作安排。

鉴于在疫情期间需要保持社交距离并减少与客户的接触，服务业受到了巨大的破坏，而服务业在日本和韩国雇用了超过三分之二的工作者，是不稳定工作从业者人数最多的行业。旅游、酒店和旅游业业务下滑的幅度尤为巨大，数以百万计的工作者失业，企业倒闭。其中许多影响可能是短暂的，但其他影响和针对这些影响的适应措施可能会继续保持下去。例如，保持社交距离的需要可能会鼓励雇主将一些服务自动化，例如机场手续办理柜台和杂货店收银，并且许多司法管辖区正在重新考虑雇用不稳定工作从业者护理老年人的问题。推动服务自动化只是一些公司可能吸取的一部分教训，它们还可能会考虑在商品生产和服务交付中引入机器人和人工智能等新技术，以提高生产力，减少正规员工和非正规员工的数量。如果没有来自劳工或国家自身对资本的抗衡力量，私营公司可以引入节省劳动力的技术，以降低健康风险为名降低劳动力成本。这样的做法很可能会导致就业危机——低工资和缺乏工作机会。

与此同时，疫情之前就已经开始的平台工作在疫情期间可能有所扩大，并且可能会保持下去。平台上的工作涉及维护客户和在线服务提供商之间的关系，并在任务完成后实现服务和支付的交换。平台经济还为组织就业提供了不同的治理机制，在这种机制中，数字技术的应用控制了平台交易中与企业有松散联系的独立承包商。这种组织形式是近年才出现的，但在全球以及日本、韩国和印度尼西亚迅速发展，说明了不稳定就业的扩大在加剧。平台经济为企业提供了许多优势，但对工作者来说有利有弊。它需要新形式的劳动力市场监管和社会保障，因为平台工作者通常不受现有劳动法和社会保障计划的保护。

在印度尼西亚，疫情最初对零工工作者产生了负面影响。2019 年，印度尼西亚这个东南亚最大的数字经济体市场的价值总额为 400 亿美元，其中零工工作者占总劳动力 5% 以上。然而，数字经济很快复苏，并被一些政策制定者视为经济复苏的救星，认为它能将需要迁移到数字平台的企业与自营职业者和非正式部门的企业联系起来。大多数平台（即雇主）不把零工工作者视作员工，劳动法规也没有针对零工工作者做相应调整。疫情加速了向平台工作的转变，但即使在此之前，这些工作者中也有 80% 收入低于最低工资。疫情可能向企业展示了一种进一步管理劳动力成本的方法，包括加强在家工作这种形式。在家工作、平台工作和相关的自营职业可能会成为另一种将工作个体化，并将风险和责任转移给工作者及其家人的方式。

政府现在不得不重新考虑如何提供社会保障。正如我们所指出的，日本和韩国在促进经济增长过程中所采用的生产主义社会福利制度让大部分劳动力没有受到保障，因为他们没有在大企业从事正规工作。在印度尼西亚，国家的社会保障面虽然在扩大，但仍然有限，只有一小部分正式员工可以从雇主那里获得福利，不稳定工作从业者在很大程度上仍不得不依靠自己、朋友和家人。事实证明，依靠公司和家庭提供社会保障是不够的。随着经济停滞和人口老龄化，生产主义模式与社会福利保障模式形成对比，在后者这种模式中，为所有合法居民提供保障的是政府而不是雇主，正如我们在第 1 章中讨论的那样。最好由政府提供全民健康保险、带薪病假和探亲假、养老金，甚至全民基本收入这样的观点对这些国家来说似乎不再那么陌生。人们应该依靠自己、雇主或"市场"的观念，与采取集体行动来应对充满不确定性和不安全感的新未来的需求越来越相左。

疫情和国家针对疫情做出的经济反应（通常是巨额支出），突出了所有工作者的工资和经济安全问题，无论是正规工作者还是非正规工作者。疫情揭示出全球各经济体已经开始依赖低收入，通常社会地位低而且工作不稳定的从业者从事基础性工作，例如杂货店和药房店员、护理助理、送货员、运输工人、清洁工、疗养院护工和日托护理员。平台经济的广泛发展将进一步恶化不稳定工作从业者的工作条件。尽管他们工资低、缺乏福利、对工作日程安排相对没有控制权，这些工作者却经常被政界人士誉为英雄。从这种情况中吸取的教训表明，应更好地为这些工作者提供支持，并提供更高的工资及更好的福利。与此同时，在经济深度衰退中的企业面临挑战，因此企业家有理由只想为工作者提供低水平工资、有限福利和低灵活性。那些愿意在疫情期间放弃新自由主义政策的国家如果要想在疫情之后坚持下去，就需要介入对于劳动力市场变化的监管。

问责制、劳工组织的社会活动和不稳定工作从业者的斗争将影响三个研究对象国家后疫情时代不稳定工作从业者的发展。正如我们所描述的韩国和印度尼西亚的情况那样,民主化为政党之间的政策竞争提供了机会,让不稳定工作从业者作为选民(而不是以工作者的身份)获得了发言权。在这种相对较新的民主国家,激烈的政党竞争可能会引发政策辩论和政治运动,从而让人们更多地关注不稳定就业。在日本,自民党仍然一党独大,几乎没有在野党对其有威胁的挑战,渐进式改革不太可行。

新型冠状病毒肺炎疫情更加凸显并加深了日本、韩国和印度尼西亚已有的趋势,这些国家在社会福利体系之外的从事不稳定工作的人越来越多。疫情还加剧了工作者的焦虑和痛苦。但是,我们在本书中明确的更基本的结构性趋势可能会在疫情结束后持续存在。企业和政府在全球经济中将继续面临竞争压力,雇主也将继续希望构建灵活的劳动力市场。技术变革将继续快速发展,为雇主创造新的机会来安排岗位、提高生产力,并以新颖方式控制工作者的工作。在日本和韩国,劳动力老龄化等人口结构变化会倒逼社会福利体系提供惠及全社会(不限于特定就业形式)的社会保障。

不稳定就业带来的问题在日本、韩国和印度尼西亚是相似的。然而,这些广泛的结构性变化并非一定会继续导致大量工作者群体就业不稳定,面临不平等、贫困和其他负面后果。

技术、全球化或其他不可阻挡的力量并不能决定这些变化。劳动力市场和社会福利保障机构受制于政治行动者，他们有能力通过重建和扩大社会安全网，更有效地管理劳动力市场转型，以及实施针对日益多样化的劳动力需求和选择的社会改革和经济改革，来应对不稳定就业的后果。疫情表明，各国拥有可用于增加社会投资的资源。这种改进社会保障的行动的关键是重振有组织的工作者力量、公民社会组织的改革措施，以及通过政党竞争获得政治支持，由国家促进工作者权力。政府和雇主面临的挑战是通过既能促进经济可持续发展又能改善工作者、工作者家庭和社区福祉的政策和实践来应对这些变化。

参考文献

Abe, Yukiko. 2011. "Minimum Wages and Employment in Japan." *Japan Labor Review* 8(2): 42–54.

Abegglen, James C., and George Stalk Jr. 1985. *Kaisha: The Japanese Corporation*. New York: Basic Books.

ADB (Asian Development Bank). 2019. *The Social Protection Indicators for Asia: Assessing Progress*. Manila: ADB.

Akram-Lodhi, A. Haroon. 2006. "What's in a Name? Neo-Conservative Ideology, Neo-Liberalism, and Globalization." In Richard Robison (ed.), *The NeoLiberal Revolution: Forging the Market State*. Houndmills, UK: Palgrave Macmillan, 156–172.

Allen, Emma R. 2016. *Analysis of Trends and Challenges in the Indonesian Labor Market*. Asian Development Bank Papers on Indonesia No. 16. Manila: Asian Development Bank.

Allison, Anne. 2013. *Precarious Japan*. Durham, NC: Duke University Press.

Altman, Steven A. 2020. "Will Covid-19 Have a Lasting Impact on Globalization?" *Harvard Business Review*, May 20. https:// hbr .org/ 2020/ 05/ will-covid-19-have-a-lasting-impact-on-globalization (accessed May 11, 2021).

Ambrose, Soren. 2007. "The Decline (and Fall?) of the IMF." *Global Policy Forum*, March. https:// archive .globalpolicy .org/ socecon/ bwi-wto/ imf/ 2007/ 03imfdecline .htm (accessed April 30, 2021).

Amengual, Matthew, and Laura Chirot. 2016. "Reinforcing the State: Transnational and State Labor Regulation in Indonesia." *ILR Review* 69(5): 1056–1080.

Amsden, Alice. 1989. *Asia's Next Giant: South Korea and Late Industrialization*. Oxford, UK: Oxford University Press.

Antara News. 2019. "Indonesian Migrants in S. Korea Increase in 2018." *Antara News*, August 6. https:// en .antaranews .com/ news/ 130542/ indonesian-migrants-in-s-korea-increase-in-2018 (accessed April 30, 2021).

Antonio, Robert J., and Alessandro Bonanno. 2000. "A New Global Capitalism? From 'Americanism and Fordism' to 'Americanization-Globalization.'" *American Studies* 41(2/3): 33–77.

Arce, Moisés. 2008. "The Repoliticization of Collective Action After Neoliberalism in Peru." *Latin American Politics and Society* 50(3): 37–62.

Arita, Shin. 2016. *The Sociology of Reward Inequality Among Employment Position*. Tokyo: Tokyo University Press [Japanese].

Arnold, Dennis. 2006. "Toyota in Thailand: Capital and Labour in 'Harmonious' Globalised Production." In D. Chang (ed.), *Labour in Globalising Asian Corporations: A Portrait of Struggle*. Hong Kong: Asia Monitor Resource Center, 215–246.

Arnold, Dennis, and Joseph R. Bongiovi. 2013. "Precarious, Informalizing, and Flexible Work: Transforming Concepts and

Understandings." *American Behavioral Scientist* 57(3): 289–308.

ASEAN Secretariat. 2018. *ASEAN Investment Report 2018*. Jakarta: ASEAN Secretariat and the UNCTAD.

Aspinall, Edward. 2020. "Indonesian Protests Point to Old Patterns." *New Mandala*, October 12. https:// www .newmandala .org/ indonesian-protests-point-to-old-patterns (accessed April 20, 2021).

Ayres, Jeffrey M. 2004. "Framing Collective Action Against Neoliberalism: The Case of the 'Anti-Globalization' Movement." *Journal of World-Systems Research* 10(1): 11–34.

Bah, Adama, Samuel Bazzi, Sudarno Sumarto, and Julia Tobias. 2019. "Finding the Poor vs. Measuring Their Poverty: Exploring the Drivers of Targeting Effectiveness in Indonesia." *World Bank Economic Review* 33(3): 573–597.

Bahagijo, Sugeng. 2005. "IMF Aid Helping the Poor?" *Inside Indonesia* 84. https://www .insideindonesia .org/ imf-aid-helping-the-poor (accessed June 14, 2019).

Baldwin, Peter. 1990. *The Politics of Social Solidarity: Class Bases of the European Welfare State, 1875–1975*. Cambridge, UK: Cambridge University Press.

Baldwin, Richard. 2013. "Global Supply Chains: Why They Emerged, Why They Matter, and Where They Are Going." In Deborah K. Elms and Patrick Low (eds.), *Global Value Chains in a Changing World*. Geneva: World Trade Organization, 13–60.

Banyan. 2020. "How Not to Reform Indonesia." *The Economist*,

October 15. https:// www .economist .com/ asia/ 2020/ 10/ 15/ how-not-to-reform-indonesia (accessed October 30, 2020).

Barsky, Robert. 2011. "The Japanese Asset Price Bubble: A Heterogeneous Approach." In Koichi Hamada, Anil K. Kashyap, and David E. Weinstein (eds.), *Japan's Bubble, Deflation, and Stagnation*. Cambridge, MA: MIT Press, 17–50.

Bayón, María Cristina. 2006. "Social Precarity in Mexico and Argentina: Trends, Manifestations, and National Trajectories." *CEPAL Review* 88: 125–143.

Beck, Ulrich. 2000. *The Brave New World of Work*. Malden, MA: Blackwell.

Berg, Janine. 2016. "Labour Market Institutions and Inequality." In International Social Science Council (ed.), *World Science Report, 2016: Challenging Inequalities, Pathways to a Just World*. Paris: UNESCO, 192–196.

Bernards, Nick. 2018. "African Labour in Global Capitalism." *Review of African Political Economy*, December 18. https:// roape .net/ 2018/ 12/ 18/ african-labour-in-global-capitalism/ (accessed January 24, 2019).

Bolt, Jutta, Robert Inklaar, Herman de Jong, and Jan Luiten van Zanden. 2018. *Rebasing "Maddison": New Income Comparisons and the Shape of Long-Run Economic Development*. GGDC Research Memorandum GD-174. Groningen: Groningen Growth and Development Center, University of Groningen.

BPS (Budan Pusat Statistik). Various years (1995, 2005, 2010, 2015, 2020). *SAKERNAS (Labor Force Survey)*. Jakarta: Statistics Indonesia.

Brady, David, Andrew S. Fullerton, and Jennifer Moren Cross. 2010. "More than Just Nickels and Dimes: A Cross-National Analysis of Working Poverty in Affluent Democracies." *Social Problems* 57: 559–585.

Brasor, Philip, and Masako Tsubuku. 2019a. "Japan Facing Increased Pressure to Hike Minimum Wage, but Business Leaders Give Mixed Response." *Japan Times*, June 7. https:// www .japantimes .co .jp/ news/ 2019/ 06/ 07/ national/ japan-facing-increased-pressure-hike-minimum-wage-business-leaders-give-mixed-response/ (accessed April 29, 2020).

Brasor, Philip, and Masako Tsubuku. 2019b. "Japan's Tax Laws Get in Way of More Women Working Full Time." *Japan Times*, March 5. https:// www.japantimes .co .jp/ news/ 2019/ 03/ 05/ national/ japans-tax-laws-get-way-women-working-full-time/ (accessed April 30, 2020).

Breman, Jan. 2013. "A Bogus Concept?" *New Left Review* 84: 130–38.

Brenner, Neil, Jamie Peck, and Nik Theodore. 2010. "After Neoliberalization?" *Globalizations* 7(3): 327–345.

Brinton, Mary C. 2011. *Lost in Transition: Youth, Work, and Instability in Postindustrial Japan*. Cambridge, UK: Cambridge University Press.

Broadbent, Kaye. 2003. *Women's Experience in Japan: The Experience of Part-Time Workers*. London: Routledge.

Bryan, Dick. 1995. *The Chase Across the Globe: International Accumulation and the Contradictions for Nation States*. Boulder, CO: Westview Press.

Burkett, Paul, and Martin Hart-Landsberg. 2000. *Development, Crisis, and Class Struggle: Learning from Japan and East Asia*. New York: St.

Martin's Press.

Caraway, Teri, and Michele Ford. 2019. "Indonesia's Labor Movement and Democratization." In Thushara Dibley and Michele Ford (eds.), *Activists in Transition: Progressive Politics in Democratic Indonesia*. Ithaca, NY: Cornell University Press, 61–78.

Caraway, Teri, Michele Ford, and Oanh K. Nguyen. 2019. "Politicizing the Minimum Wage: Wage Councils, Worker Mobilization, and Local Elections in Indonesia." *Politics and Society* 47(2): 251–276.

Carroll, Toby, and Darryl S. L. Jarvis. 2017. "Disembedding Autonomy: Asia After the Developmental State." In Toby Carroll and Darryl S. L. Jarvis (eds.), *Asia After the Developmental State: Disembedding Autonomy*. Cambridge, UK: Cambridge University Press, 3–48.

Castells, Manuel. 2000. "Materials for an Exploratory Theory of the Network Society." *British Journal of Sociology* 51(1): 5–24.

Chang, Dae-Oup. 2006a. "Preface." In Dae-Oup Chang (ed.), *Labour in Global is ing Asian Corporations: A Portrait of Struggle*. Hong Kong: Asia Monitor Resource Center, v–viii.

Chang, Dae-Oup. 2006b. "Samsung Moves: A Portrait of Struggles." In Dae-Oup Chang (ed.), *Labour in Globalising Asian Corporations: A Portrait of Struggle*. Hong Kong: Asia Monitor Resource Center, 3–64.

Chang, Dae-Oup. 2009. "Informalising Labour in Asia's Global Factory." *Journal of Contemporary Asia* 39(2): 161–179.

Chang, Dae-Oup. 2021. "Transnational Labour Regimes and Neo-liberal Development in Cambodia." *Journal of Contemporary Asia*, doi: 10 .1080/

00472336.2020 .1859122.

Chang, Ha-Joon. 2010. "How to 'Do' a Developmental State: Political, Organizational, and Human Resource Requirements for the Developmental State." In Omano Edigheji (ed.), *Constructing a Democratic Developmental State in South Africa: Potentials and Challenges*. Cape Town, South Africa: Human Science Research Council Press, 82–96.

Charlie, Lonny E. 1994. "Political Party and the Japanese Labor Movement." *Asian Survey* 34(7): 606–620.

Cheah, Hock-Beng. 2006. "Is Lean Production Sustainable? The Rise and Decline of Neo-Fordism." In John B. Kidd and Frank-Jürgen Richter (eds.), *Development Models, Globalization, and Economies*. London: Palgrave Macmillan, 146–175.

Chen, Martha Alter. 2014. *Informal Economy Monitoring Study Sector Report: Home-Based Workers*. Cambridge, MA: WIEGO.

Chen, Martha Alter. 2016. "Informal Employment: Theory and Reality." In Stephen Edgell, Heidi Gottfried, and Edward Granter (eds.), *The SAGE Handbook of the Sociology of Work and Employment*. Los Angeles: SAGE, 407–427.

Cheon, Byung-you (ed.). 2016. *Inequality in South Korea, 2016*. Seoul: Paperroad [Korean].

Chiu, Catherine C. H. 2007. "Workplace Practices in Hong Kong– Invested Garment Factories in Cambodia." *Journal of Contemporary Asia* 37(4): 431–448.

Choe, Sang-Hun. 2020. "Delivery Workers in South Korea Say They're

Dying of 'Overwork.'" *New York Times*, December 15. https:// www .nytimes. com/ 2020/ 12/ 15/ world/ asia/ korea-couriers-dead-overwork .html (accessed January 2, 2021).

Choi, Eun-Seo. 2020. "Youth Organizations Criticize the Regular Workers' Union at the Incheon International Airport Union for Making Use of Youth." *Hankookilbo*, July 31 [Korean].

Choi, Jang Jip. 1989. *Labor and the Authoritarian State: Labor Unions in South Korean Manufacturing Industry, 1961–1980*. Seoul: Korea University Press.

Choi, Selim. 2019. "Gender Wage Gap in Lifecycle Perspective." *Japan Labor Issue* 3(17): 13–21.

Chun, Natalie, and Niny Khor. 2010. *Minimum Wages and Changing Wage Inequality in Indonesia*. ADB Economics Working Paper Series No. 196. Manila: Asian Development Bank.

Chung, Jae-Woo. 2016. "The Present Condition of Non-Regular Workers Union and Attitude Toward Membership." *Labor Review*, February, 67–82.

Clarke, Simon. 1999. "Crisis of Fordism or Crisis of Capitalism?" *Telos* 83(3): 71–98.

Clemens, Elizabeth S., and James M. Cook. 1999. "Politics and Institutionalism: Explaining Durability and Change." *Annual Review of Sociology* 25: 441–466.

Clements, Benedict. 1997. *Income Distribution and Social Expenditure in Brazil*. IMF Working Paper WP/97/120. Washington, DC: International Monetary Fund.

Cohen, Marjorie Griffifi th. 1997. "From the Welfare State to Vampire Capitalism." In P. Evans and G. Wekerle (eds.), *Women and the Canadian Welfare State*. Toronto: University of Toronto Press, 28–67.

Cohen, Theodore. 1987. *Remaking Japan*. New York: Free Press.

Cooke, William N. 2001a. "The Effects of Labour Costs and Workplace Constraints on Foreign Direct Investment Among Highly Industrialized Countries." *International Journal of Human Resources Management* 12(5): 697–716.

Cooke, William N. 2001b. "Union Avoidance and Foreign Direct Investment in the USA." *Employee Relations* 23(6): 558–580.

Cox Edwards, Alejandra. 1996. *Labor Regulations and Industrial Relations in Indonesia*. Policy Research Working Paper 1640. Washington, DC: World Bank, Poverty and Social Policy Department.

Crafts, Nicholas. 1999. "East Asian Economic Growth Before and After the Crisis." *IMF Staff Papers* 46(2): 139–166.

Daniels, Gary, and John McIlroy (eds.). 2008. *Trade Unions in a Neoliberal World: British Trade Unions Under New Labour*. London: Routledge.

de Soto, Hernando. 2000. *The Mystery of Capital: Why Capitalism Triumphs in the West and Fails Everywhere Else*. London: Black Swan.

Deyo, Frederic. 2012. *Reforming Asian Labor Systems*. Ithaca, NY: Cornell University Press.

Diatyka Widya Permata Yasih. 2017. "Jakarta's Precarious Workers: Are They a 'New Dangerous Class'?" *Journal of Contemporary Asia* 47(1): 27–45.

Doeringer, Peter B., and Michael J. Piore. 1971. *Internal Labor Markets and Manpower Analysis*. Lexington, MA: D.C. Heath.

Dohse, Knuth, Ulrich Jurgens, and Thomas Malsch. 1985. "From 'Fordism' to 'Toyotism'? The Social Organization of the Labor Process in the Japanese Automobile Industry." *Politics and Society* 14(2): 115–146.

Dore, Ronald. 1973. *British Factory, Japanese Factory*. Berkeley: University of California Press.

Dower, John. 1999. *Embracing Defeat: Japan in the Wake of World War II*. New York: Norton.

Draudt, Darcie. 2016. "The Struggles of South Korea's Working Women." *The Diplomat*, August 26. https:// thediplomat .com/ 2016/ 08/ the-struggles-of-south-koreas-working-women/ (February 22, 2020).

Durkheim, Emile. 1982 [1895]. *The Rules of Sociological Method*, Stephen Lukes (ed.) and W. D. Halls (trans.). New York: Free Press.

Ebbinghaus, Bernhard, and Jelle Visser. 1999. "When Institutions Matter: Union Growth and Decline in Western Europe, 1950–1995." *European Sociological Review* 15(2): 1–24.

The Economist. 2020. "Factories and Families." *The Economist*, December 19.

Eka, Randi. 2019. "Indonesia's Digital Economy Is Now at $40 Billion, ECommerce as the Biggest Participant." Dailysocial .id, October 7. https:// dailysocial .id/ post/ indonesias-digital-economy-is-now-at-40-billion-e-commerce-as-the-biggest-participant (accessed March 10, 2021).

Esping-Andersen, Gøsta. 1990. *The Three Worlds of Welfare Capitalism*.

Cambridge, UK: Polity Press.

Esping-Andersen, Gøsta. 1999. *Social Foundations of Postindustrial Economies*. Oxford, UK: Oxford University Press.

Eun, Soo-Mi. 2008. "Non-Regular Workers in Korea: Labor Market and Industrial Relations." In Soo-Mi Eun, Hak-Soo Oh, and Jin-Ho Yoon (eds.), *NonRegular Workers and Changes in Industrial Relations in Korea, I: With a Focus on Korea, the U.S., and Japan*. Sejong: KLI, 229–294 [Korean].

Eun, Soo-Mi, Hak-Soo Oh, and Jin-h Yoon. 2008. *Non-Regular Employment and the Change in Industrial Relations*. Seoul: KLI.

Evans, John, and Euan Gibb. 2009. *Moving from Precarious Employment to Decent Work*. ILO Discussion Paper 13. Geneva: International Labor Organization.

Fair Wear Foundation. 2016. *Indonesia: Country Study 2016*. Amsterdam: Fair Wear Foundation.

Fairwork. 2020. "Decent Work Standards for Gig Workers in Indonesia." October 1. https:// fair .work/ en/ fw/ blog/ decent-work-standards-for-gig-workers-in-indonesia/ (accessed December 29, 2020).

Fearnside, Philip M. 1997. "Transmigration in Indonesia: Lessons from Its Environmental and Social Impacts." *Environmental Management* 21(4): 553–570.

Feridhanusetyawan, Tubagus, and Mari Pangestu. 2003. "Indonesian Trade Liberalisation: Estimating the Gains." *Bulletin of Indonesian Economic Studies* 39(1): 51–74.

Flourish Ventures. 2020. *The Digital Hustle: Gig Worker Financial Lives*

Under Pressure— Indonesia Spotlight, August 2020. https:// flourish ventures. com/ wp-content/ uploads/ 2020/ 10/ FlourishVentures-GigWorkerStudy-Indonesia-FINAL-2020-09-10 .pdf (accessed September 29, 2020).

Fontaine, Richard. 2020. "Globalization Will Look Very Different After the Coronavirus Pandemic." *Foreign Policy*, April 17. https:// foreignpolicy. com/ 2020/ 04/ 17/ globalization-trade-war-after-coronavirus-pandemic/ (accessed May 11, 2021).

Ford, Michele. 2010. *TUSSO/GUF Briefing Paper on Trade Unions in Indonesia*. http:// apirnet .ilo .org / resources/ briefing-paper-on-trade-unions-in-indonesia (accessed August 10, 2020).

Ford, Michele. 2019. "Informal Workers: An Untapped Asset for Asia's Unions." *Open Democracy*, October 22. https:// www .opendemocracy .net/ en/ beyond-trafficking-and-slavery/ informal-workers-an-untapped-asset-for-asias-unions/ (accessed January 2, 2021).

Fröbel, Folker, Jürgen Heinrichs, and Otto Kreye. 1978. "The New International Division of Labour." *Social Science Information* 17(1): 123–142.

Fu, Huiyan (ed.). 2015. *Temporary Agency Work and Globalisation: Beyond Flexibility and Inequality*. London: Routledge.

Funabashi, Yoichi. 1989. *Managing the Dollar: From the Plaza to the Louvre*. Washington, DC: Institute of International Economics.

Gagne, Nana Okura. 2018. "'Correcting Capitalism': Changing Metrics and Meanings of Work Among Japanese Employees." *Journal of Contemporary Asia* 48(1): 67–87.

Gambino, Ferruccio. 2007. "A Critique of the Fordism of the Regulation

School." *The Commoner* 12: 39–62.

Gamble, Andrew. 2006. "Two Faces of Neo-Liberalism." In Richard Robison (ed.), *The Neo-Liberal Revolution: Forging the Market State*. Houndmills, UK: Palgrave Macmillan, 20–35.

Garon, Sheldon. 2002. "From Meiji to Heisei: The State and Civil Society in Japan." In Frank J. Schwartz and Susan J. Pharr (eds.), *The State of Civil Society in Japan*. Cambridge, UK: Cambridge University Press, 42–62.

Garton, Stephen, and Margaret E. McCallum. 1996. "Workers' Welfare: Labour and the Welfare State in 20th-Century Australia and Canada." *Labour History* 71: 116–141.

Genda, Yuji, and Ryo Kambayashi. 2002. "Declining Self-Employment in Japan." *Journal of the Japanese and International Economics* 16(1): 73–91.

Gender Equality Bureau Cabinet Office. 2018. *Women and Men in Japan 2018*. Tokyo: Gender Equality Bureau Cabinet Office.

Gereffifi , Gary. 1994. "The Organization of Buyer-Driven Global Commodity Chains: How U.S. Retailers Shape Overseas Production Networks." In Gary Gereffifi and Miguel Korzeniewicz (eds.), *Commodity Chains and Global Capitalism*. Westport, CT: Praeger, 95–112.

Gibson, Luke. 2017. *Toward a More Equal Indonesia: How Government Can Take Action to Close the Gap Between the Richest and the Rest*. Oxfam Briefing Paper, February 2017. Nairobi: Oxfam International.

Ginting, Edimon, Christopher Manning, and Kiyoshi Taniguchi (eds.). 2018. *Indonesia: Enhancing Productivity Through Quality Jobs*. Manila: Asian Development Bank.

Glassman, Jim. 2018. *Drums of War, Drums of Development*. Leiden: Brill.

Golay, Frank H., Ralph Anspach, M. Ruth Pfanner, and Eliezer B. Ayal. 1969. *Underdevelopment and Economic Nationalism in Southeast Asia*. Ithaca, NY: Cornell University Press.

Goldner, Loren. 2008. "The Korean Working Class: From Mass Strike to Casualization and Retreat, 1987–2007." libcom .org, January 9. https:// libcom .org/ history/ korean-working-class-mass-strike-casualization- retreat-1987–2007 (accessed February 23, 2021).

Gollin, Douglas. 2014. "The Lewis Model: A 60-Year Retrospe ctive." *Journal of Economic Perspectives* 28(3): 71–88.

Gordon, Alec. 2018. "A Last Word: Amendments and Corrections to Indonesia's Colonial Surplus, 1880–1939." *Journal of Contemporary Asia* 48(3): 508–18. Gordon, Andrew. 1985. *The Evolution of Labor Relations in Japan, 1853–1955*. Cambridge, MA: Harvard University Press.

Gordon, Andrew. 2017. "New and Enduring Dual Structures of Employment in Japan: The Rise of Non-Regular Labor, 1980s–2010s." *Social Science Japan Journal* 20(1): 9–36.

Gottfried, Heidi. 2015. *The Reproductive Bargain: Deciphering the Enigma of Japanese Capitalism*. Leiden: Brill.

Gottfried, Heidi. 2018. "The Phoenix Rises: Tokyo's Origins as a Global City." *Critical Sociology* 44(3): 421–435.

Gough, Ian. 1979. *The Political Economy of the Welfare State*. London: Macmillan. Gough, Ian. 2000. "Globalisation and Regional Welfare Regimes:

The East Asian Case." Paper presented at the Year 2000 International Research Conference on Social Security, "Social Security in the Global Village," Helsinki, September 25–27.

Gultom, Yohanna M. L. 2014. "Explaining the Informal Sector in Indonesia from the Transaction Costs Perspective." *Gadjah Mada International Journal of Business* 16(1): 23–38.

Günther, Heidi, and Andrey Launov. 2012. "Informal Employment in Developing Countries: Opportunity or Last Resort?" *Journal of Development Economics* 97(1): 88–98.

Hadiz, Vedi R. 1997. *Workers and the State in New Order Indonesia.* London: Routledge.

Hadiz, Vedi R. 2002a. "The Indonesian Labour Movement: Resurgent or Constrained?" In Daljit Singh and Anthony L. Smith (eds.), *Southeast Asian Affairs 2002.* Singapore: ISEAS, 130–142.

Hadiz, Vedi R. 2002b. "State and Labour in the Early New Order." In Rob Lambert (ed.), *State and Labour in New Order Indonesia.* Nedlands: University of Western Australia Press, 23–55.

Hantrais, Linda. 1995. "Comparative Research Methods." *Social Research Update* 13. https:// sru .soc .surrey .ac .uk/ SRU13 .html (accessed February 1, 2020).

Harari, Edu. 1973. *The Politics of Labor Legislation in Japan.* Berkeley: University of California Press.

Harvey, David. 2001. "Globalization and the 'Spatial Fix.'" *Geographische Revue* 2: 23–30.

Harvey, David. 2005. *A Brief History of Neoliberalism*. Oxford, UK: Oxford University Press.

Helleiner, E. 2010. "A Bretton Woods Moment? The 2007–2008 Crisis and the Future of Global Finance." *International Affairs* 86(3): 619–636.

Hewison, Kevin, and Arne L. Kalleberg. 2013. "Precarious Work and Flexibilization in South and Southeast Asia." *American Behavioral Scientist* 57(4): 395–402.

Hewison, Kevin, and Garry Rodan. 2012. "Southeast Asia: The Left and the Rise of Bourgeois Opposition." In Richard Robison (ed.), *Routledge Handbook of Southeast Asian Politics*. London: Routledge, 25–39.

Higuchi, Yoshio, Kyoko Ishii, and Kazuma Sato. 2016. "Income Inequality and Income Change in Japan: Dynamic Approach Through International Comparison and Time-Series Comparison." *Mita Business Review* 59(3): 67–91 [Japanese].

Hill, Hal. 2000. *The Indonesian Economy*. Cambridge, UK: Cambridge University Press.

Hill, Hal, and Takashi Shiraishi. 2007. "Indonesia After the Asian Crisis." *Asian Economic Policy Review* 2: 123–141.

Hill, Richard Child, Park Bae-Gyoon, and Asato Saito. 2012. "Introduction: Locating Neoliberalism in Asia." In Park Bae-Gyoon, Richard Child Hill, and Asato Saito (eds.), *Locating Neoliberalism in East Asia: Neoliberalizing Spaces in Developmental States*. Oxford: Wiley & Sons, 1–26.

Holliday, Ian. 2000. "Productivist Welfare Capitalism: Social Policy in East Asia." *Political Studies* 48(4): 706–723.

Howell, Chris. 2016. "Regulating Class in the Neoliberal Era." *Work, Employment, and Society* 30(4): 573–589.

Howell, David R., and Arne L. Kalleberg. 2019. "Declining Job Quality in the United States: Explanations and Evidence." *RSF: The Russell Sage Foundation Journal of the Social Sciences* 5(4): 1–53.

Hsiao, Michael Hsin-Huang, Arne L. Kalleberg, and Kevin Hewison (eds.). 2015. *Policy Responses to Precarious Work in Asia*. Taipei: Academia Sinica.

Huijie, Gu. 2018. Outward Foreign Direct Investment and Employment in Japan's Manufacturing Industry. *Economic Structures* 7(27). https:// doi. org/ 10 .1186/ s40008-018-0125-z (accessed May 2, 2021).

Humphrey, John, and Hubert Schmitz. 2001. "Governance in Global Value Chains." *IDS Bulletin* 32(3): 19–29.

Hunt, Joshua. 2018. "Are Japan's Part-Time Employees Working Themselves to Death?" *The Atlantic*, August 8. https:// www .theatlantic .com/ business/ archive/ 2018/ 08/ japan-overwork/ 565991/ (accessed March 21, 2019).

Hussmanns, Ralf. 2005. *Measuring the Informal Economy: From Employment in the Informal Sector to Informal Employment*. ILO Policy Integration Department, Bureau of Statistics, Working Paper No. 53. Geneva: ILO.

Hwang, Soo Kyeong. 2006. *Wage Structure and Skill Development in Korea and Japan*. Tokyo: Japan Institute for Labour Policy and Training.

ILO (International Labor Organization). 2007. *International Labour*

Migration and Development: The ILO Perspective. Geneva: International Migration Programme, International Labour Office.

ILO. 2015. *Research on Employment and Labour Measures in the Post–Great East Japan Earthquake Recovery Process*. Geneva: ILO.

ILO. 2018. *Women and Men in the Informal Economy: A Statistical Picture*. Geneva: International Labour Office.

ILO. 2020. *ILOSTAT*. Geneva: ILO.

Imai, Jun. 2011. *The Transformation of Japanese Employment Relations: Reform Without Labour*. Basingstoke, UK: Palgrave Macmillan.

Imai, Jun. 2015. "Policy Responses to the Precarity of Non-Regular Employment in Japan." In Hsin-Huang Michael Hsiao, Arne L. Kalleberg, and Kevin Hewison (eds.), *Policy Responses to Precarious Work in Asia*. Taipei, Taiwan: Academia Sinica, 49–80.

IMF (International Monetary Fund). 1997. "Memorandum on the Economic Program." https:// www .imf .org/ external/ np/ loi/ 120397 .htm #memo (accessed November 9, 2019).

Ingleson, J. 1986. *In Search of Justice: Workers and Unions in Colonial Java, 1908–1926*. Singapore: Oxford University Press.

IPSS ([National] Institute for Population and Social Security Research). 2017. "The Financial Statistics of Social Security FY 2017." http:// www .ipss. go .jp/ ss-cost/ e/ fsss = 17 .asp (accessed April 20, 2020).

IPSS. 2020. "The Financial Statistics of Social Security in Japan: Table 2—Social Expenditure by policy area as a percentage of GDP, FY 1980–2017." http:// www .ipss .go .jp/ ss-cost/ e/ fsss-18/ fsss-18 .asp (accessed

April 20, 2020).

Isabella, Brigitta. 2016. "The Production of Shared Space: Notes on Indonesian Migrant Workers in Hong Kong and Japan." *Kyoto Review of Southeast Asia* 19. https:// kyotoreview .org/ yav/ indonesian-migrant-workers-hong-kong-japan/ (accessed April 20, 2020).

Iyoda, Mitsuhiko. 2010. *Postwar Japanese Economy: Lessons of Economic Growth and the Bubble Economy*. London: Springer.

Japan Institute for Women's Empowerment and Diversity Management. 2018. *An Analysis of Women's Work, 2017*. Tokyo: JIWE [Japanese].

Japan Rodosho Daijin Kambo. 1966. *Labor History in the Postwar Period: Documentation* . Tokyo: Ministry of Labor [Japanese].

Jayasuriya, Kanishka. 2006. "Economic Constitutionalism, Liberalism, and the New Welfare State." In Richard Robison (ed.), *The Neo-Liberal Revolution: Forging the Market State*. Houndmills, UK: Palgrave Macmillan, 234–253.

Jessop, Bob. 2013. "Putting Neoliberalism in Its Time and Place: A Response to the Debate." *Social Anthropology* 21(1): 65–74.

JETRO (Japan External Trade Organization). 2019. "Japanese Trade and Investment Statistics." https:// www .jetro .go .jp/ en/ reports/ statistics .html (accessed March 10, 2020).

JILPT (Japan Institute for Labor Policy and Training). 2005. *Labor Situations in Japan and Its Analysis, 2005/2006: Detailed Exposition*. Tokyo: JILPT.

JILPT. 2007. "Welfare Expenditures Paid by Japanese Firms." *Japan*

Labor Flash No. 78.

JILPT. 2010. *Labor Situation in Japan and Analyses: Detailed Exposition, 2009/2010*. Tokyo: JILPT.

JILPT. 2014. *Labor Situations in Japan and Its Analysis, 2013/2014*. Tokyo: JILPT.

JILPT. 2016. *Labor Situation in Japan and Its Analysis: General Overview, 2015/2016*. Tokyo: JILPT.

JILPT. 2018. "Work Style Reform Bill Enacted." *Japan Labor Issues* 2(10): 1–6.

JILPT. 2020. *Main Labor Economic Indicators*. Tokyo: JILPT.

Johnson, Chalmers. 1982. *MITI and the Japanese Miracle: The Growth of Industrial Policy, 1925–1975*. Stanford, CA: Stanford University Press.

Johnson, Chalmers. 1999. "The Developmental State: Odyssey of the Concept." In Meredith Woo-Cumings (ed.), *The Developmental State*. Ithaca, NY: Cornell University Press, 32–60.

Jomo, K. S. 1997. *Southeast Asia's Misunderstood Miracle*. Boulder, CO: Westview.

Jonna, R. Jamil, and John Bellamy Foster. 2016. "Marx's Theory of Working-Class Precariousness: Its Relevance Today." *Monthly Review* 67(11): 1–19.

Juliawan, Benedictus H. 2010. "Playing Politics: Labour Movements in PostAuthoritarian Indonesia." PhD diss., Oxford University.

Jung EeHwan and Byung-You Cheon. 2006. "Economic Crisis and Changes in Employment Relations in Japan and Korea." *Asian Survey* 46(3):

457–476.

Jütting, Johannes P., and Juan R. de Laiglesia (eds.). 2009. *Is Informal Normal? Towards More and Better Jobs in Developing Countries*. Paris: OECD.

Kalinowski, Thomas. 2009. "The Politics of Market Reforms: The Korean Path from Chaebol Republic to Market Democracy and Back." *Contemporary Politics* 15(3): 287–304.

Kalleberg, Arne L. 2000. "Nonstandard Employment Relations: Parttime, Temporary, and Contract Work." *Annual Review of Sociology* 26: 341–365.

Kalleberg, Arne L. 2009. "Precarious Work, Insecure Workers: Employment Relations in Transition." *American Sociological Review* 74(1): 1–22.

Kalleberg, Arne L. 2011. *Good Jobs, Bad Jobs: The Rise of Precarious and Polarized Employment Systems in the United States, 1970s–2000s*. New York: Russell Sage Foundation.

Kalleberg, Arne L. 2018. *Precarious Lives: Job Insecurity and Well-Being in Rich Democracies*. Cambridge, UK: Polity Press.

Kalleberg, Arne L., and Ivar Berg. 1987. *Work and Industry: Structures, Markets, and Processes*. New York: Plenum.

Kalleberg, Arne L., and Kevin Hewison. 2013. "Precarious Work and the Challenge for Asia." *American Behavioral Scientist* 57(3): 271–288.

Kalleberg, Arne L., Barbara F. Reskin, and Ken Hudson. 2000. "'Bad' Jobs in America: Standard and Nonstandard Employment Relations and Job

Quality in the United States." *American Sociological Review* 65(2): 256–278.

Kalleberg, Arne L., and Steven P. Vallas. 2018. "Probing Precarious Work: Theory, Research, and Politics." In Arne L. Kalleberg and Steven P. Vallas (eds.), *Precarious Work: Causes, Characteristics, and Consequences*. Bingley, UK: Emerald, 1–30.

Kambayashi, Ryo. 2017. "Declining Self-Employment in Japan Revisited: A Short Survey." *Social Science Japan Journal* 20(1): 73–93.

Kambayashi, Ryo, and Takao Kato. 2016. *Good Jobs and Bad Jobs in Japan: 1982–2007*. Center on Japanese Economy and Business Working Paper No. 348. New York: Center on Japanese Economy and Business, Graduate School of Business, Columbia University.

Kasza, Gregory J., and Takashi Horie. 2011. "Welfare Policy." In Inoguchi Takahashi and Prunendra Jain (eds.), *Japanese Politics Today: From Karaoke to Kabuki Democracy*. New York: Palgrave Macmillan, 143–162.

Kato, Takao. 2016. *Productivity, Wages, and Unions in Japan*. Conditions of Work and Employment Series No. 73. Geneva: ILO.

KCTU (Korean Confederation of Trade Unions). 2000. *Press Brief for the General Strike*. Seoul: KCTU [Korean].

Kim, Eun Mee. 1997. *Big Business, the Strong State: Collusion and Conflict in South Korean Development, 1960–1990*. Albany: State University of New York Press.

Kim, Eum Mee. 2017. "Korea's Evolving Government-Business Relationship." In John Page and Finn Tarp (eds.), *The Practice of Industrial Policy: Government Business Coordination in Africa and East Asia*. Oxford,

UK: Oxford University Press, 104–121.

Kim, Janghan. 1989. *Korea Labor History in the 1980s*. Seoul: Chogook [Korean].

Kim, Jeong-Soo. 2005. "Yong Deuk Lee Reelected 'Against the Non-Regular Workers Act.'" *Hankyoreh*, February 17 [Korean].

Kim, Kyunghoon, Andy Sumner, and Arief Anshory Yusuf. 2018. *Is Structural Transformation-Led Economic Growth Immiserising or Inclusive? The Case of Indonesia*. Working Papers in Trade and Development No. 2018/11. Canberra: Arndt-Corden Department of Economics, Crawford School of Public Policy, ANU College of Asia and the Pacific.

Kim, Sunhyhuk. 2000. *The Politics of Democratization: The Role of Civil Society*. Pittsburgh: University of Pittsburgh Press.

Kim, You-sun. 2019. *The Size and Working Conditions of Non-Regular Employees*. KSLI Issue Paper 2019–17. Seoul: Korea Society and Labor Institute [Korean]. Kim, Yun Tae. 2008. *Bureaucrats and Entrepreneurs: The State and Chaebol in Korea*. Paju, Korea: Jipmoondang [Korean].

Kimura, Fukunari. 2006. "Eighteen Facts, Mechanics, and Policy Implications." *Asian Economic Policy Review* 1: 326–344.

Kitao, Sagiri, and Tomoaki Yamada. 2019. *Dimensions of Inequality in Japan: Distributions of Earnings, Income, and Wealth Between 1984 and 2014*. CAMAWorking Paper No. 36/2019. Canberra: Crawford School of Public Policy, Australian National University.

Kleiner, Morris, and Hwikwon Ham. 2003. "The Effect of Different Industrial Relations Systems in the United States and the European Union on

Foreign Direct Investment Flows." In William N. Cooke (ed.), *Multinational Companies and Global Human Resource Strategies*. Westport, CT: Quorum Books, 87–100.

KLI (Korea Labor Institute). 2006. *Non-Regular Employment Statistics*. Seoul: KLI [Korean].

KLI. 2007. *Korea Labor and Income Panel Survey*. Seoul: KLI [Korean].

KLI. 2011. *Non-Regular Employment Statistics, 2011*. Seoul: KLI [Korean].

KLI. 2017. *Korea Labor and Income Panel Survey*. Sejong: KLI [Korean].

KLI. 2018. *Korea Labor and Income Panel Survey*. Sejong: KLI [Korean].

KLI. 2019. *Non-Regular Employment Statistics, 2019: Wage, Working Hours*. Sejong: KLI [Korean].

KLI. 2020a. *2003–18 Non-Regular Employment Statistics: Trends of Non-Regular Workers*. Sejong: KLI [Korean].

KLI. 2020b. *Labor Statistics, 2020*. Sejong: KLI.

Kojima, Kiyoshi. 2000. "The 'Flying Geese' Model of Asian Economic Development: Origin, Theoretical Extensions, and Regional Policy Implications." *Journal of Asian Economics* 11: 375–401.

Kojima, Shinji. 2017. "Social Movement Unionism in Japan: Coalitions Within and Across Political Boundaries." *Economic and Industrial Democracy* 41(1): 189–211.

Kojima, Shinji, Scott North, and Charles Weathers. 2017. "Abe Shinzo's

Campaign to Reform the Japanese Way of Work." *The Asia-Pacific Journal/ Japan Focus* 15 (iss. 23, no. 3): 1–16.

Komiya, Ryutaro, and Ryuhei Wakasugi. 1991. "Japan's Foreign Direct Investment." *Annals of the American Academy of Political and Social Science* 513: 48–61.

Koo, Hagen. 2001. *Korean Workers: The Culture and Politics of Class Formation*. Ithaca, NY: Cornell University Press.

Koo, Hagen. 2002. "Engendering Civil Society: The Role of Labor Movement." In Charles K. Armstrong (ed.), *Korean Society: Democracy, Civil Society, and the State*. London: Routledge, 73–94.

Korean Association of Labor Laws. 2012. *60 Years of the History of Labor Laws*. Seoul: Ministry of Labor [Korean].

Krippner, Greta R. 2011. *Capitalizing on Crisis: The Political Origins of the Rise of Finance*. Cambridge, MA: Harvard University Press.

Kurlantzick, Joshua. 2020. "Indonesia's Labor Protests and Omnibus Law: Some Progress, But Dangers Ahead." Council on Foreign Relations blog,December 11. https:// www .cfr .org/ blog/ indonesias-labor-protests-and-omnibus-law-some-progress-dangers-ahead (January 19, 2021).

Kwon, Huck-Ju. 1999. *The Welfare State in Korea: The Politics of Legitimation*. London: Palgrave Macmillan.

Kwon, Huck-Ju. 2007. *Transforming the Developmental Welfare States in East Asia*. DESA Working Paper No. 40 ST/ESA/2007/DWP/40, June. New York: United Nations Department of Economic and Social Affairs.

Labor Today. 2003. "A Claim for Compensation and Provisional

Attachment as New Oppressive Measures of 'Self-Relief.'" *Labor Today*, January 23.

Lambert, Rob. 1997. "International Labour Standards and Labour Reform Politics in New Order Indonesia." In Rob Lambert (ed.), *State and Labour in New Order Indonesia*. Nedlands: University of Western Australia Press, 83–104.

Lane, Max. 2019. *An Introduction to the Politics of the Indonesian Union Movement*. Singapore: ISEAS.

Lane, Max. 2020. "Protests Against the Omnibus Law and the Evolution of Indonesia's Social Opposition." *ISEAS Perspective* 2020(128).https:// www .iseas .edu .sg/ wp-content/ uploads/ 2020/ 11/ ISEAS _Perspective_ 2020_128.pdf (accessed April 8, 2021).

Lee, Bo-ra, Jo Mun-hui, and Lee Hyo-sang. 2020. "A Darker Shade of COVID-19 in Our Society." *Kyunghyang Shinmun*, February 26. http:// english .khan .co .kr/ khan _art _view .html ?code = 710100 & artid = 202002260229097 #csidxa5741454eced1e69b901ab7dbd178c7 (accessed February 26, 2020) [Korean].

Lee, Bong-Hyun. 2018. "Crisis of Small Employers, Rejection of the Minimum Wage Is Not an Answer." *Hankyoreh*, September 12 [Korean].

Lee, Byoung-Hoon. 2015. "Changing Cross-Movement Coalitions Between Labor Unions and Civil Society Organizations in South Korea." *Development and Society* 44(2): 199–218.

Lee, Byoung-Hoon. 2016. "Worker Militancy at the Margins: Struggles of NonRegular Workers in South Korea." *Development and Society* 45(1):

1–37.

Lee, Byoung-Hoon, and Soo-Mi Eun. 2009. "Labor Politics of Employment Protection Legislation for Non-Regular Workers in South Korea." *Korea Journal* 49(4): 57–90.

Lee, Byoung-Hoon, and Stephen J. Frankel. 2004. "Divided Workers: Social Relations Between Contract and Regular Workers in a Korean Auto Company."

Work, Employment, and Society 18(2): 507–530.

Lee, Byoung-Hoon, and Sophia Seung-Yoon Lee. 2017. "Winning Conditions of the Non-Regular Workers' Struggles: A Reflection Based on the Cases from South Korea." *Industrial Relations* 72(3): 524–550.

Lee, Jae-Yun. 2018. "Performance Analysis of Korean Companies' Offshoring and Its Implications." *KIET Industrial Economy* 10: 23–32.

Lee, Jeong-Hee. 2019. *Industrial Relations Review and Issues in the First Half of 2019 and Challenges in the Second Half.* KLI Working Paper 2019–08. Sejong: Korea Labor Institute [Korean].

Lee, Phil-Sang. 2000. *Economic Crisis and Chaebol Reform in Korea.* Discussion Paper No. 14. New York: APEC Study Center, Columbia Business School, Columbia University.

Lee, Sangheon, and François Eyraud (eds.). 2008. *Globalization, Flexibilization, and Working Conditions in Asia and the Pacific.* Geneva: ILO Press.

Lee, Sookyoung. 2019. "'Fighting for Our Rights': Thousands Rally on Labour Day in Seoul." *AlJazeera.com*, May 1. https:// www .aljazeera.

com/ news/ 2019/ 05/ thousands-march-labour-day-seoul-demanding-equal-treatment-190501064751223 .html (accessed June 12, 2020).

Lee, Yoon-Kyung. 2015. "Sky Protest: New Forms of Labour Resistance in NeoLiberal Korea." *Journal of Contemporary Asia* 45(3): 443–464.

Lewis, W. Arthur. 1954. "Economic Development with Unlimited Supplies of Labour." *The Manchester School* 22(2): 139–191.

Light, Ivan. 1979. "Disadvantaged Minorities in Self-Employment." *International Journal of Comparative Sociology* 20(1–2): 31–45.

Lincoln, James R., and Arne L. Kalleberg. 1990. *Culture, Control, and Commitment: A Study of Work Organization and Work Attitudes in the United States and Japan*. Cambridge, UK: Cambridge University Press.

Lindblad, J. Thomas. 2000. "Korean Investment in Indonesia: Survey and Appraisal." *Bulletin of Indonesian Economic Studies* 36(1): 167–184.

Lipietz, Alain. 1997. "The Post-Fordist World: Labour Relations, International Hierarchy, and Global Ecology." *Review of International Political Economy* 4(1): 1–41.

Littlefifi eld, Alice, and Larry T. Reynolds. 1990. "The Putting-Out System: Transitional Form or Recurrent Feature of Capitalist Production?" *Social Science Journal* 27(4): 359–372.

Llewellyn, Aisyah, and Tonggo Simangunsong. 2020. "Indonesia's Unpopular Omnibus Law 'Trying to Kill Us Slowly', Protester Says." *South China Morning Post*, October 10. https:// www .scmp .com/ week-asia/ politics/ article/ 3104983/ indonesias-unpopular-omnibus-law-trying-kill-us-slowly-protester (accessed October 15, 2020).

Lusiani, Julia, and Pandji Putranto. 2006. *Collective Bargaining in Indonesia: Report on the Survey on Industrial Relations in East Asia*. ILO-Japan MultiLateral Project. Bangkok: ILO.

Manning, Christopher. 2018. "Jobs, Wages, and Labor-Market Segmentation." In Edimon Ginting, Christopher Manning, and Kiyoshi Taniguchi (eds.), *Indonesia: Enhancing Productivity Through Quality Jobs*. Manila: Asian Development Bank, 68–99.

Manning, Chris, and Devanto Pratomo. 2018. "Labour Market Developments in the Jokowi Years." *Journal of Southeast Asian Economies* 35(2): 165–184.

Mantale, Peter, and Kenji Matsui. 2011. "Lifetime Employment in 21st Century Japan: Stability and Resilience Under Pressure in the Japanese Management System." In S. A. Horn (ed.), *Emerging Perspectives in Japanese Human Resource Management*. Berlin: Peter Lang, 15–44.

Maruo, Naomi. 1986. "The Development of the Welfare Mix in Japan." In Richard Rose and Rei Shiratori (eds.), *The Welfare State East and West*. Oxford, UK: Oxford University Press, 64–79.

Maxton-Lee, Bernice. 2018. "Material Realities: Why Indonesian Deforestation Persists and Conservation Fails." *Journal of Contemporary Asia* 48(3): 419–444.

McKinsey Global Institute. 2017. *The New Dynamics of Financial Globalization*. New York: McKinsey & Co.

METI (Ministry of Economy, Trade, and Industry). Various years (1999, 2011, 2017). *Survey on Overseas Business Activities*. Tokyo: METI.

MHLW (Ministry of Health, Labor, and Welfare). 2006. *The White Paper of Labor Economy* . Tokyo: Ministry of Health, Labor, and Welfare [Japanese].

MHLW. 2015. *General Survey on Diversification of Employment.* Tokyo: Ministry of Health, Labor, and Welfare.

MHLW. 1999–2019. *Basic Survey on Wage Structure.* http:// www. mhlw.go.jp/ toukei/ index .html (accessed April 10, 2019).

Mihut, Marius Ioan. 2014. "Plaza Accord and the 'Explosion' of the Japanese FDI." *Procedia* 15: 721–729.

Ministry of Labor. 1966. *History of Labor Economy After the War.* Tokyo: Ministry of Labor [Japanese].

Moriguchi, Chiaki. 2017. "Did Japan Become an Unequal Society? Japan's Income Disparity in Comparative Historical Perspective." *Economic Studies* 68(2): 169–189 [Japanese].

Naito, Hisashi, Mana Takahashi, and Ayumi Shintaku. 2020. "For Nonregular Workers, Request to 'Stay Home' Does not Apply." *Asahi Shimbun*, April 27. http:// www .asahi .com/ ajw/ articles/ 13331716 (accessed May 15, 2020).

Nasir, Sudiman. 2020. "Indonesia's Poor Can't Even Afford to Wash Hands." *Jakarta Post*, April 11. https:// www .thejakartapost .com/ academia/ 2020/ 04/ 11/ indonesias-poor-cant-even-afford-to-wash-hands .html (accessed April 30, 2020).

Navarro, Vicente. 1991. "Production and the Welfare State: The Political Context of Reforms." *International Journal of Health Services* 21(4): 585–614.

Neilson, Brett, and Neil Rossiter. 2008. "Precarity as a Political Concept, or, Fordism as Exception." *Theory, Culture, and Society* 25(7–8): 51–72.

Newman, Katherine S. 2012. *The Accordion Family: Boomerang Kids, Anxious Parents, and the Private Toll of Global Competition*. Boston: Beacon Press.

Nihon Keizai Shinbun. 2017. "Rengo Decided not to Back Specific Political Party." *Nikkei Asian Review*, October 4.

Nishimura, Itaru. 2017. "Changes in the Wage System in Japan: Circumstances and Background." *Japan Labor Issues* 1(3): 21–32.

Ock, Hyun-ju. 2017. "Death of Subway Worker Triggers Wave of Protests." *Korea Herald*, June 5.

O'Connor, James. 1973. *The Fiscal Crisis of the State*. New York: St. Martin's Press.

O'Connor, James. 2009. "Ireland: Precarious Employment in the Context of the European Employment Strategy." In Leah Vosko, Martha MacDonald, and Iain Campbell (eds.), *Gender and the Contours of Precarious Employment*. London: Routledge, 92–106.

O'Connor, John. 2010. "Marxism and the Three Movements of Neoliberalism." *Critical Sociology* 36(5): 691–715.

OECD. 2000 (Organization for Economic Cooperation and Development). *Social Expenditure Database, 1980–1997*. Paris: OECD.

OECD. 2009. *OECD Employment Outlook, 2009: Tackling the Job Crisis*. Paris: OECD.

OECD. 2015. *OECD Employment Outlook, 2015*. Paris: OECD.

OECD. 2017. *OECD Economic Surveys Japan, 2017*. Paris: OECD.

OECD. 2019a. "Additional Tables: The Key Indicators of Informality Based on Individuals and Their Households (KIIbIH) Database." In *Tackling Vulnerability in the Informal Economy*. Paris: OECD.

OECD. 2019b. "Employment by Activities and Status: Employment by Activities." https:// stats .oecd .org/ Index .aspx ?DataSetCode = ALFS _EMP (accessed April 10, 2019).

OECD. 2019c. *Key Indicators in Informality at Individuals and Their Households*. Paris: OECD.

OECD. 2019d. *OECD Economic Surveys Japan, 2019*. Paris: OECD.

OECD. 2019e. *Social Protection System Review of Indonesia*. OECD Development Pathways. Paris: OECD.

OECD. 2020a. *Income Distribution Database*. Paris: OECD.

OECD. 2020b. *National Accounts Data Files*. Paris: OECD.

OECD. 2020c. *OECD Employment Database*. http:// www .org/ employment/ emp/ onlieemploymentdatabase .htm (accessed April 10, 2020).

OECD. 2020d. *OECD Labor Force Statistics*. Paris: OECD. OECD. 2020e. *OECD.Stat*. Data extracted on May 12, 2021.

OECD/ILO. 2019. *Tackling Vulnerability in the Informal Economy*. Paris: OECD. Ogino, Noburo. 2020. "Thirty Years Since JTUC-Rengo's Foundation: Challenges and Prospect for Japan's Labor Movement." *Japan Labor Issues* 4(21): 1–6.

Oh, Hak-Soo. 2008. "Prospect of Japanese Labor Markets and Labor Relations in 2008." *International Labor Brief* 6(2): 38–52 [Korean].

Oh, Hak-Soo. 2016. "The Regional Labor Movement in Confrontation with Stratified Society." In Hyeonjong Kil (ed.), *Widening Disparities in the Korean and Japanese Labor Markets*. KLI East Asia Labor Research Series 1. Seoul: Korea Labor Institute, 64–90.

Ohno, Kenichi. 2006. *The Economic Development of Japan*. Tokyo: GRIPS Development Forum.

Okunuki, Hifumi. 2018. "Abe's Work-Style Reforms Give Japan's Employers the Green Light to Demand Unpaid and Unsafe Overtime." *Japan Times*, September 23.

Ono, Hiroshi. 2007. *Lifetime Employment in Japan: Concepts and Measurements*. SSE/EFI Working Paper Series in Economics and Finance No. 624. Stockholm: Stockholm School of Economics, Economic Research Institute.

Osawa, Machiko, Myoung Jung Kim, and Jeff Kingston. 2013. "Precarious Work in Japan." *American Behavioral Scientist* 57(3): 309–334.

Osawa, Machiko, and Jeff Kingston. 2015. "Risk and Consequences: The Changing Japanese Employment Paradigm." In Frank Baldwin and Anne Allison (eds.), *Japan: The Precarious Future*. New York: New York University Press, 58–86.

Osawa, Mari. 1993. *Going Beyond Corporation Centered Society: Reading Contemporary Japan Through "Gender."* Tokyo: Jiji Tsushinsha [Japanese].

Owens, Alexandra. 2004. "Testing the Ratcheting Labor Standards Proposal: Indonesia and the Shangri-La Workers." *Melbourne Journal of*

International Law 5(1): 169[–196].

Palmer, Bryan D. 2014. "Reconsiderations of Class: Precariousness as Proletarianization." In Leo Panitch, Gregory Albo, and Vivek Chibber (eds.), *The Socialist Register 2014: Registering Class*. London: Merlin Press, 40–62.

Palmer, Susannah, and Carmela C. Noriel. 2009. *Freedom of Association and Collective Bargaining: Indonesian Experience 2003–2008*. ILO Working Paper. Jakarta: International Labour Office.

Park, Deokje, and Kisung Park. 1990. *Labor Unions in Korea*. Seoul: Korea Labor Institute [Korean].

Park, Ju-Young. 2018. "Government Apologies for the Accident, Promised to Prevent Reoccurrence." *Korea Herald*, December 17.

Park, Sung Ho. 2020. "Capital Taxation in Japan and South Korea, the 1990s–2010s: Similar Outcomes, Different Trajectories." *Journal of Contemporary Asia*, doi: 10 .1080/ 00472336 .2020 .1823454.

Park, Taw-Woo. 2017. "The Incheon International Airport, the World's Best Service, the Highest Proportion of Non-Regular Workers in Korea, Getting Better After the Election?" *Hankyoreh*, May 3.

Piketty, Thomas. 2013. *Capital in the Twenty-First Century*. Cambridge, MA: Harvard University Press.

Pirie, Iain. 2008. *The Korean Developmental State: From Dirigisme to NeoLiberalism*. London: Routledge.

Polanyi, Karl. 1944. *The Great Transformation*. New York: Farrar & Rinehart.

Polivka, Anne E., and Thomas Nardone. 1989. "On the Definition of

'Contingent Work.'" *Monthly Labor Review* 112: 9–16.

Portes, Alejandro. 1997. "Neoliberalism and the Sociology of Development: Emerging Trends and Unanticipated Facts." *Population and Development Review* 23(2): 229–259.

PSPD (People's Solidarity for Participatory Democracy). 2014. *A Record of 20 Years of the PSPD: The Power Changing the World.* Seoul: PSPD [Korean].

Pulse. 2019. "Korea's Self-Employment Rate at 25%, 5th Highest in OECD Category." *Pulse*, September 30. https:// pulsenews .co .kr/ view .php? year = 2019 & no = 780684 (accessed October 2, 2019).

Quick, Miriam. 2019. "South Korea's Population Paradox." *BBC Worklife, Generation Project.* https:// www .bbc .com/ worklife/ article/ 20191010-south-koreas-population-paradox (accessed March 1, 2020).

Rahayu, Sri Kusumastuti, and Sudarno Sumarto. 2003. *The Practice of Industrial Relations in Indonesia.* Jakarta: SMERU Research Institute.

Rahman, Dzulfifi qar Fathur. 2021. "Indonesia Was Briefly an Upper Middle-Income Country. Then Came the Pandemic." *Jakarta Post*, February 12.

Ranis, Gustav. 2004. "Arthur Lewis's Contribution to Development Thinking and Policy." *The Manchester School* 72(6): 712–723.

Rathgeb, Philip. 2018. *Strong Governments, Precarious Workers: Labor Market Policy in an Era of Liberalization.* Ithaca, NY: ILR Press and Cornell University Press.

Rigakos, George S., and Aysegul Ergul. 2011. "Policing the Industrial Reserve Army: An International Study." *Crime, Law, and Social Change*

56(4): 329–371.

Robison, Richard. 1986. *Indonesia: The Rise of Capital*. North Sydney: Allen & Unwin.

Robison, Richard. 1987. "After the Gold Rush: The Politics of Economic Restructuring in Indonesia in the 1980s." In Richard Robison, Kevin Hewison, and Richard Higgott (eds.), *Southeast Asia in the 1980s: The Politics of Economic Crisis*. North Sydney, Australia: Allen & Unwin, 16–51.

Robison, Richard. 1997. "Politics and Markets in Indonesia's Post-oil Era." In G. Rodan, K. Hewison, and R. Robison (eds.), *The Political Economy of SouthEast Asia: An Introduction*. Melbourne: Oxford University Press, 29–63.

Robison, Richard. 2006. "Neo-Liberalism and the Market State: What Is the Ideal Shell?" In Richard Robison (ed.), *The Neo-Liberal Revolution: Forging the Market State*. Houndmills, UK: Palgrave Macmillan, 3–19.

Robison, Richard, and Kevin Hewison. 2005, "Introduction: East Asia and the Trials of Neo-Liberalism." *Journal of Development Studies* 41(2): 183–196.

Rodgers, Gerry. 1989. "Precarious Work in Europe: The State of the Debate." In Gerry Rodgers and Janine Rodgers (eds.), *Precarious Jobs in Labour Market Regulation*. Geneva: International Institute for Labor Studies, International Labor Organization, 1–16.

Rodriguez, Daniela. 2020. "COVID-19 and Informal Work in Indonesia's Digital Economy." Hungry Cities Partnership, July 9. https:// hungrycities .net/ covid-19-and-informal-work-in-indonesias-digital-economy/

(accessed March 15, 2021).

Rodrik, Dani. 2011. *The Globalization Paradox*. New York: Norton.

Roh, Hyung-Woong. 2019. "Why Only 13 Percent for Regularization of NonRegular Workers in the Public Sector." *Hankyoreh*, January 9 [Korean].

Roosa, John. 2020. *Buried Histories: The Anticommunist Massacres of 1965–1966 in Indonesia*. Madison: University of Wisconsin Press.

Rosfadhila, M. 2019. *Developing an Unemployment Insurance Scheme for Indonesia*. SMERU Research Institute Working Paper. Jakarta: SMERU Research Institute.

Rothenberg, Alexander D., Arya Gaduh, Nicholas E. Burger, Charina Chazali, Indrasari Tjandraningsih, Rini Radikun, Cole Sutera, and Sarah Weilant. 2016.

"Rethinking Indonesia's Informal Sector." *World Development* 80: 96–113.

Ruggie, John Gerard. 1982. "International Regimes, Transactions, and Change: Embedded Liberalism in the Postwar Economic Order." *International Organization* 36(2): 379–415.

Ryan, Ben. 2014. "Nearly Three in 10 Workers Worldwide Are Self-Employed." August 22. https:// news .gallup .com/ poll/ 175292/ nearly-three-workers-worldwide-self-employed .aspx (accessed May 3, 2021).

Ryoji, Nakamura. 2020. "Fringe Benefits." *Japan Labor Issues* 4(21): 14–20.

Samir, Namira. 2020. "When the Pandemic Struck Indonesia, Urban Gig Workers Were Hit the Hardest." *LSE Business Review*, October 28. https://

blogs .lse .ac .uk/ businessreview/ 2020/ 10/ 28/ when-the-pandemic-struck-indonesia-urban-gig-workers-were-hit-the-hardest/ (accessed November 8, 2020).

Santoro, M. 2000. *Profits and Principles: Global Capitalism and Human Rights in China*. Ithaca, NY: Cornell University Press Sato, Yoshimichi, and Jun Imai (eds.). 2011. *Japan's New Inequality: Intersection of Employment Reforms and Welfare Arrangements*. Melbourne: Trans Pacific Press.

Saxonhouse, Gary, and Robert Stern (eds.). 2004. *Japan's Lost Decade: Origins, Consequences, and Prospects for Recovery*. Oxford, UK: Blackwell.

Schedler, Andreas, and Cas Mudde. 2010. "Data Usage in Quantitative Comparative Politics." *Political Research Quarterly* 63(2): 417–433.

Schwartz, Frank, and Susan Pharr. 2003. *The State of Civil Society in Japan*. Cambridge, UK: Cambridge University Press.

Sekine, Yuki. 2008. "The Rise of Poverty in Japan: The Emergence of the Working Poor." *Japan Labor Review* 20(4): 49–66.

Shibata, Saori. 2020. *Contesting Precarity in Japan: The Rise of Nonregular Workers and the New Policy Dissensus*. Ithaca, NY: ILR Press and Cornell University Press.

Shin, Ji-Hye. 2020. "Non-Regular Workers Lose Jobs Six Times More amid Pandemic." *Korea Herald*, June 24. http:// www .koreaherald .com/ view php ?ud = 20200623000486 (accessed June 30, 2020).

Shin, Kwang-Yeong. 1998. "The Political Economy of Economic Growth in South Korea and Taiwan." In Eun-Mee Kim (ed.), *The Four Asian Tigers: Economic Development and the Global Political Economy*. New York:

Academic Press, 1–31. Shin, Kwang-Yeong. 2002. "Economic Crisis and Welfare Reform in South Korea." *State Strategy* 8(1): 57–75 [Korean].

Shin, Kwang-Yeong. 2006. The Citizen's Movement in Korea." *Korea Journal* 46(2): 5–34.

Shin, Kwang-Yeong. 2010. "Globalization and the Working Class in South Korea: Contestation, Fragmentation, and Renewal." *Journal of Contemporary Asia* 40(2): 211–229.

Shin, Kwang-Yeong. 2012. "The Dilemmas of Korea's New Democracy in an Age of Neoliberal Globalisation." *Third World Quarterly* 33(2): 293–309.

Shin, Kwang-Yeong. 2013. "Economic Crisis, Neoliberal Reforms, and the Rise of Precarious Work in South Korea." *American Behavioral Scientist* 57(3): 335–353.

Shin, Kwang-Yeong. 2017. "The Trajectory of Anti-Communism in South Korea." *Asian Journal of German and European Studies* 2: art. 3. https:// ajges .springeropen .com/ articles/ 10 .1186/ s40856-017-0015-4 (accessed March 1, 2019).

Shin, Kwang-Yeong. 2018. "Reshaping Political Space and Workers' Mobilization in South Korea." In Eva Hansson and Meredith L. Weiss (eds.), *Political Participation in Asia: Defining and Deploying Political Space*. London: Routledge, 77–94.

Slobodian, Quinn. 2018. *Globalists: The End of Empire and the Birth of Neoliberalism*. Cambridge, MA: Harvard University Press.

Soedarsono, Budiman, and M. Sulton Mawardi. 2009. *Regulatory*

Impact Assessments and the Private Sector in Indonesia. Jakarta: Senada Competitiveness Project for USAID.

Standing, Guy. 2011. *The Precariat: The New Dangerous Class*. New York: Bloomsbury.

Statistics Bureau of Japan. 2017. *Special Labor Force Survey*. Tokyo: Statistics Bureau of Japan.

Statistics Bureau of Japan. 2018. *Employment Status Survey*. Tokyo: Statistics Bureau of Japan.

Statistics Bureau of Japan. 2019. *Statistical Yearbook of Japan, 2019*. Tokyo: Statistics Bureau of Japan.

Statistics Bureau of Japan 2020. *Annual Report on the Labour Force Survey*. Tokyo: Statistics Bureau of Japan.

Statistics Korea. 2015. *Brief on Additional Survey on Types of Employment and Self Employers*. Daejeon: NSO.

Statistics Korea. 2016. *The Survey of Work Situations by Employment Types*. Daejeon: NSO.

Statistics Korea. 2018. *Brief on Additional Survey on Types of Employment and SelfEmployers*. Daejeon: NSO.

Statistics Korea. 2019. *Dual Earners Household and Single Households: 2018 Report on Regional Employment Survey*. Daejeon: KSO.

Statistics Korea. 2020a. *Outward Direct Investment*. http:// www.index. go.kr/ potal/ main/ EachDtlPageDetail.do ?idx _cd = 1065 (accessed April 17, 2017) [Korean].

Statistics Korea. 2020b. *Social Indicators in Korea 2019*. Daejeon: NSO.

Steinmetz-Jenkins, Daniel. 2016. "Why Steve Bannon Wants to Destroy Secularism." *The Guardian*, December 8. https:// www.theguardian.com/ commentisfree/ 2016/ dec/ 07/ why-steve-bannon-wants-to-destroy-secularism (accessed March 10, 2019).

Stiglitz, Joseph. 2002. *Globalization and Its Discontents.* New York: Norton.

Stubbs, Richard. 2018. *Rethinking Asia's Economic Miracle: The Political Economy of War, Prosperity, and Growth.* London: Macmillan.

Subramanian, Arvind, and Martin Kessler. 2013. *The Hyperglobalization of Trade and Its Future.* Working Paper Series WP 13. Washington, DC: Peterson Institute for International Economics.

Sucahyo, Yudho Giri, Arfive Gandhi, and A. Labib Fardany Faisal. 2019. "Numbers, Type, and Income of Online Gig Workers in Indonesia." Development Implications of Digital Economies (DIODE) Strategic Research Network, October 15. https:// diode .network/ 2019/ 10/ 15/ numbers-type-and-income-of-online-gig-workers-in-indonesia/ (accessed September 4, 2020).

Suehiro, Akira. 2008. *Catch-Up Industrialization: The Trajectory and Prospects of East Asian Economies.* Singapore: NUS Press.

Sugimoto, Yoshio. 2003. *An Introduction to Japanese Society.* Cambridge, UK: Cambridge University Press.

Sulistiyono, Arifa Gunawan. 2017. "Japanese Investment Create 4.7 Million Jobs in Indonesia: Ambassador." *Jakarta Post*, October 13.

Suryahadi, Asep, Vita Febriany, and Athia Yumna. 2014. *Expanding*

Social Security in Indonesia: The Processes and Challenges. Working Paper No. 2014–14. Geneva: UNRISD.

Suryahadi, Asep, Sudarno Sumarto, and Yusuf Suharso. 2000. *The Evolution of Poverty During the Crisis in Indonesia, 1996–1999*. World Bank Policy Research Working Papers. Washington, DC: World Bank.

Susanty, Farida, and Markus Makur. 2020. "70 Million Informal Workers Most Vulnerable During Pandemic." *Jakarta Post*, April 3. https:// www .thejakartapost .com/ news/ 2020/ 04/ 03/ 70-million-informal-workers- most-vulnerable-during-pandemic. html (accessed April 12, 2020).

Tachibanaki, Toshiaki. 2006. *Gap Society* . Tokyo: Iwanami Shoten [Japanese].

Tachibanaki, Toshiaki, and Kunio Urakawa. 2008. "Trends in Poverty Among LowIncome Workers in Japan Since the Nineties." *Japan Labor Review* 5(4): 21–48.

Tadjoeddin, Mohammad Zulfan, and Anis Chowdhury. 2019. *Employment and Re-Industrialisation in Post Soeharto Indonesia*. London: Palgrave Macmillan.

Takenaka, Heizo. 2019. "Questions over Raising Minimum Wages." *Japan Times*, October 31. https:// www .japantimes .co .jp/ opinion/ 2019/ 10/ 31/ commentary/ japan-commentary/ questions-raising-minimum-wages/ (accessed January 30, 2020).

Tjandra, S. 2016. "Labour Law and Development in Indonesia." PhD diss., Faculty of Law, Leiden University.

Tjandraningsih, Indrasari. 2013. "State-Sponsored Precarious Work in

Indonesia." *American Behavioral Scientist* 57(4): 403–419.

Tjandraningsih, Indrasari, and H. Nugroho. 2008. "The Flexibility Regime and Organised Labour in Indonesia." *Labour, Management, and Development Journal* 9: 1–15.

TNP2K (Tim Nasional Percepatan Penanggulangan Kemiskinan). 2018. *The Future of the Social Protection System in Indonesia: Social Protection for All*. Jakarta: TNP2K.

Trading Economies. 2020. "South Korea Self Employed Total Percent of Total Employed." https:// tradingeconomics .com/ south-korea/ self-employed-total-percent-of-total-employed-wb-data .html (accessed August 15, 2020).

Tsuya, Noriko O. 2017. "Low Fertility in Japan: No End in Sight." *AsiaPacific Issues* 131: 1–4.

ul Haque, I. 2004. *Globalization, Neoliberalism and Labour*. Discussion Paper No. 173, UNCTAD/OSG/DP/2004/7. Geneva: United Nations Conference on Trade and Development.

UNCTAD (United Nations Conference on Trade and Development). 2008. *World Investment Report 2008: Transnational Corporations and the Infrastructure Challenge*. Geneva: United Nations.

UNCTAD. 2018. *World Investment Report 2018: Investment and New Industrial Policies*. Geneva: United Nations.

United Nations, Statistics Division, National Accounts Section. 2019. "National Accounts:Analysis of Main Aggregates (AMA)." https:// unstats.un. org/ unsd/ snaama/ Basic (accessed March 10, 2020).

Unni, Jeemol, and Uma Rani. 2008. *Flexibility of Labour in Globalizing*

India: The Challenges of Skill and Technology. New Delhi: Tulika Books.

UN Women. 2019. "Gaining Protection for Indonesia's Migrant Workers and Their Families." July 12. https:// www .unwomen .org/ en/ news/ stories/ 2019/ 6/ feature-story-of-change-protection-for-indonesias-migrant-workers (accessed December 23, 2020).

Utomo, Ariane. 2015. "A Woman's Place." *Inside Indonesia* 120. https:// www .insideindonesia .org/ a-woman-s-place-3 (accessed May 21, 2020).

Vallas, Steven, and Juliet B. Schor. 2020. "What Do Platforms Do? Understanding the Gig Economy." *Annual Review of Sociology* 46(1): 273–294.

van der Linden, Marcel, and Jan Breman. 2020. "The Return to Merchant Capital." *Global Labour Journal* 11(2): 178–182.

Vanek, Joann, Marth Alter Chen, Francoise Carre, Jame Heintz, and Ralf Huusmanns. 2014. *Statistics on the Informal Economy: Definitions, Regional Estimates, and Challenges*. WIEGO Working Paper (Statistics) No. 2. Cambridge, MA: WIEGO.

van Klaveren, Maarten. 2020. "Minimum Wage Setting in Indonesia: A History." https:// wageindicator-data-academy .org/ countries/ data-academy-garment-indonesia-english/ labour-regulations-english/ minimum-wage-setting-in-indonesia-a-history (accessed May 2, 2021).

Vogel, Ezra. 1979. *Japan as Number One*. Cambridge, MA: Harvard University Press.

Vosko, Leah F. 2010. *Managing the Margins: Gender, Citizenship, and the International Regulation of Precarious Employment*. Oxford, UK: Oxford

University Press.

Vosko, Leah F., and Lisa F. Clark. 2009. "Gendered Precariousness and Social Reproduction." In Leah F. Vosko, Martha MacDonald, and Iain Campbell (eds.), *Gender and the Contour of Precarious Employment*. London: Routledge, 26–42.

Watanabe, Hiroki Richard. 2014. *Labor Market Deregulation in Japan and Italy: Worker Protection Under Neoliberal Globalization*. New York: Routledge.

Watanabe, Hiroki Richard. 2018a. "Labour Market Dualism and Diversification in Japan." *British Journal of Industrial Relations* 56(3): 579–602.

Watanabe, Hiroki Richard. 2018b. "The Political Agency and the Social Movements of Individually-Affiliated Unions." *Economic and Industrial Democracy* https:// doi .org/ 10.1177/ 0143831X18789794 (accessed May 2, 2021).

Webster, Edward, Rob Lambert, and Andries Bezuidenhout. 2008. *Grounding Globalization: Labour in the Age of Insecurity*. Oxford, UK: Blackwell.

Westra, Richard. 2018. "A Theoretical Note on Commodification of Labour Power in China and the Global Putting-Out System." *Journal of Contemporary Asia* 48(1): 159–171.

Wijaya, Callistasia. 2020. "Indonesia: Thousands Protest Against 'Omnibus Law' on Jobs." *BBC News*, October 8. https:// www .bbc .com/ news/ world-asia-54460090 (accessed October 22, 2020).

Williamson, J. 1990. "What Washington Means by Policy Reform." In J. Williamson (ed.), *Latin American Adjustment: How Much Has Changed?*

Washington, DC: International Institute for International Economics, 7–21.

Wilson, Yumi. 2018. "Key Facts About Poverty in Indonesia." The Borgen Project Blog, September 9. https:// borgenproject .org/ key-facts-about-poverty-in-indonesia/ (accessed May 1, 2021).

Won, J. 2007. "Post-Socialist China: Labour Relations in Korean-Managed Factories." *Journal of Contemporary Asia* 37(3): 309–325.

Wong, D. 2006. "Samsungisation or Becoming China? The Making of the Labour Relations of Samsung Electronics in China." In Dae-Oup Chang (ed.), *Labour in Globalising Asian Corporations: A Portrait of Struggle.* Hong Kong: Asia Monitor Resource Center, 65–105.

World Bank. 2009. *Indonesia Economic Quarterly: Weathering the Storm.* Jakarta: World Bank Office.

World Bank. 2012a. *History and Evolution of Social Assistance in Indonesia: Social Assistance Program and Public Expenditure Review 8.* Jakarta: World Bank.

World Bank. 2012b. *Jamkesmas Health Service Fee Waiver: Social Assistance Program and Public Expenditure Review 4.* Jakarta: World Bank.

World Bank. 2012c. *Protecting Poor and Vulnerable Households in Indonesia.* Jakarta: World Bank.

World Bank. 2016. *Indonesia's Rising Divide.* Jakarta: World Bank Office.

World Bank. 2020a. *Doing Business: Comparing Business Regulation in 190 Economies.* Washington, DC: World Bank.

World Bank. 2020b. "World Bank National Accounts Data." https://

data. worldbank .org/ indicator/ NY .GDP .MKTP .CD (accessed April 20, 2019).

World Economic Forum. 2011. *The Global Competitiveness Report, 2011–2012*. Geneva: World Economic Forum.

Wright, Erik Olin. 2000. "Working-Class Power, Capitalist-Class Interests, and Class Compromise." *American Journal of Sociology* 105(4): 957–1002.

WTO (World Trade Organization). 2018. WTO Data portal. http:// data. wto.org/ (accessed December 30, 2018).

Yamada, Gustavo. 1996. "Urban Informal Employment and Self-Employment in Developing Countries: Theory and Evidence." *Economic Development and Cultural Change* 44(2): 289–314.

Yang, Jae-Jin. 2017. *The Political Economy of the Small Welfare State in South Korea*. Cambridge, UK: Cambridge University Press.

Yoo, Kil-Sang. 1999. *The Employment Insurance System in Korea*. Seoul: KLI. Yoon, Ae-Lim. 2016. "Solidarity for Anti-Nonregular Movement and Struggles for Workers' Basic Rights in the 2000s." *Industry and Labor Studies* 22(1): 187–220 [Korean].

Yutaka, Sano. 2011. "Overview of Non-Regular Employment in Japan." In *NonRegular Employment: Issues and Challenges Common to Major Developed Countries—2011 the JILPT Seminar on Non-Regular Employment*, JILPT Report No. 11. Tokyo: JILPT, 1–42.

Žižek, Slavoj. 2012. "The Revolt of the Salaried Bourgeoisie." *London Review of Books* 34(2): 9–10.